CONTRACT CANCELLATION

契約解消の法律実務

阿部・井窪・片山法律事務所
弁護士
松田世理奈・辛川力太
柴山吉報・高岸 亘 著

中央経済社

はしがき

本書は，「契約をどのようにして終了させるのか？」という点に焦点を当てた本である。契約の締結の際の留意事項や工夫すべき点，つまり契約の「始まり」について解説する書籍は数多あるが，契約の「終わり」について特化して解説する書籍は，さほど多くないように見受けられる。

契約を終了するに際しては，実務上，留意すべき点や工夫すべき点がある。正しいステップを正しく踏まなければ，契約を終了できないどころか，裁判沙汰の係争に発展するリスクもはらむ。

契約書は，潜在的な紛争リスクを念頭に作成すべきであるが，実際の契約締結の際には，「契約したとおりに事が運ぶだろう」「トラブルはきっと起こらないだろう」「契約をやめたいなんて思わないだろう」「万一トラブルが生じても，双方誠実に協議をすれば解決できるだろう」等々と，比較的楽観的な見通しの下，契約のメリットに胸を躍らせながら，はたまた，とにかく千載一遇のこの好機を逃すまいと，契約交渉もそこそこに取引を開始してしまうことがある。

本書では，まず，すでに締結された契約を前提として，契約を終了させるという目的に向かって，法務担当者が社内で他部署とどのように連携しながら対応にあたればよいかという点等について，実務的な視点を提供する。

さらに，本書では，契約の終了の際に必要とされる対応から翻って，出発点となる契約について問題点や改善点がなかったのかという観点からも，若干の考察を加える。このように，本書の目的は，契約終了の際の実務的な対応やあり得るトラブルをとおして，改めて各種契約の意義や内容について，理解を深めるところにもある。

昨今は，経済情勢の変動がますます激しくなっている。そのため，時には契約外在的な要因から，契約終了を検討せざるを得ない場面が出てくる。そのような場合に，どのように対応すれば，自社の望むところを実現し，紛争リスク等を最小化できるのか。

この点について，本書では，いくつかの契約類型について仮想事例を設定し，実務に即した具体的な検討を試みている。

本書は，「株式会社Much Trouble」という，おそらくあまりまともな事業は行っていないだろうと思われる多角的経営の会社を舞台に，ありとあらゆる種類の契約の終了（エンド）事案に巻き込まれていくという法務部員の遠藤（エンドウ）さんと，気づかれにくい細かいボケを挟みながら法律相談に対応しようとする顧問弁護士の古門（コモン）先生をガイド役として，読者のみなさまに，契約の終了に関する知識やケーススタディを提供する。

本書は，大別して，契約の終了に関する総論（第１章）と各論のケーススタディ（第２章）という二章構成となっている。総論（第１章）では，契約の終了における基本的な考え方や各種契約に共通する事項を抽出し，整理している。各論（第２章）では，総論（第１章）を踏まえた上で，仮想事例をもとに，具体的な契約類型に応じた論点や検討軸について記述している。

読者のみなさまには，総論（第１章）に目をとおした上で，関心のある契約類型について各論（第２章）を読み，具体的なケースへの当てはめを通じて，契約終了の際の論点に対する理解をぜひ深めていただきたいと思う。

本書は，全体をとおして，企業法務担当者の目線を意識して記述しており，そのような観点からなるべく具体的かつ実務的な整理を心がけたものである。本書の執筆者は，いずれも企業の法務部への出向など組織内弁護士としての執務経験があり，本書の執筆にあたっては，そのような経験から得た知識や洞察が活かされている。

なお，遠藤さんと古門先生の存在は，ともすれば堅苦しくなりがちな法律書における，一服の清涼剤的な位置づけである。本書にこの２人が登場する必然性は全くなく，必要性すら若干疑わしい。しかし，遠藤さんと古門先生の掛け合いにより，本書が，少しでも読者のみなさまにとって読みやすいものになっていれば，遠藤さんと古門先生も大いに喜ぶであろう。

最後に，本書を世に出す機会を与えてくださった中央経済社の石井直人様に，この場を借りて御礼を申し上げたい。

また，執筆者らに対し，様々な実務経験を積ませ，時には厳しくも温かいお言葉をかけてくださった執筆者らの出向先やクライアントの方々に対し，深く敬意を表するとともに，謝意を申し上げたい。このような経験なしに，本書は完成しなかったものである。

本書が，企業法務に携わる方々にとって，日常の業務における検討の一助となるのであれば，執筆者らにとって，これ以上に幸いなことはない。

2022年6月

執筆者を代表して

弁護士　**松田　世理奈**

目　　次

第1章

序　論

遠藤　学（えんどう　まなぶ）
株式会社Much Troubleの法務部員。どうしてこんな不吉な社名の会社に入社したのか，就職活動中の記憶がない。毎日のように事業部から「契約を終了させたい」という相談や無理難題が持ち込まれ，「俺がこの会社との雇用契約をもう終了させたい」と思うこともしばしば。弱音を吐きながらも，なんだかんだで真面目に対応し，トラブルを１つひとつ解決していくので，周りからは非常に重宝されている。料理と釣りが好き。得意料理は鯵の南蛮漬け。

古門　あかり（こもん　あかり）
株式会社Much Troubleの顧問弁護士。いつも前髪をクリップで留めている。本人は「そのほうが仕事に集中できる」と考えているが，考えごとのときに何度もクリップで前髪を留め直す癖があるため，周りはかえって集中できなくなる。独特なユーモアの感覚の持ち主で，応援するお笑い芸人はことごとく売れない。一時期「できる女」に憧れて慣れないハイヒールを履いて転んで，クライアントに激突した過去を持つ。日々のコーヒータイムが至福の時間。

第１章では，まず，契約の終了にあたって，必要となる法的な知識や論点について整理する。その上で，一般にどのような解消の方法があり，具体的なケースにおいて，社内の法務担当者として，どのような思考過程・ステップを踏んで，契約の解消方法等を検討すべきかという点について，解説する。

また，**第１章**では，解除通知などのドラフティングに関しても，実践的な文例を示し，解説を加える。その際には，契約の「終わり」についての考え方を踏まえ，「そもそもどのような契約内容にしておくべきだったのか」という観点から，契約の「始まり」，すなわち契約書作成時の際の留意事項等についても，あわせて解説する。

第1　契約の終了とは

―プロローグ―

ある晴れた日の午後，株式会社Much Trouble（以下「MT社」と略称する）の法務部員の遠藤さんが，顧問弁護士の古門先生のもとを訪れた。

遠藤さん　古門先生，こんにちは。ちょっとご相談したいことがあります。

古門先生　遠藤さん，お久しぶりです。どのようなご相談でしょうか。

遠藤さん　実はですね，新型コロナウイルスの影響もあって，うちも苦しくなって，A製品に関する事業を縮小しようかという話になっているんですよ。

古門先生　そうですか，それは残念ですね。

遠藤さん　まだ縮小すると決まったわけではないのですが。A製品の部品は，長くお付き合いのある取引先から購入していまして，取引先との今後の関係も考えなくてはいけないなぁという話になっていてですね。

古門先生　ふむ。

遠藤さん　それで，事業部から法務部に相談がありまして，今後取引先との関係の解消や発注数量の減少について，どのように進めていけばよいかということで。

古門先生　取引先との契約の終了をお考えということでしょうか。

遠藤さん　一部の取引先については，取引を終了させることも考えています。ただ，A製品の将来の需要が読めないところもあるので，もしかしたら発注を再開させることもあるかもしれないとのことです。それほど蓋然性は高くないとのことですが。

古門先生　状況については，わかりました。

遠藤さん　ちなみに，ごく少数なのですが，取引先の中には，最近粗悪品を納品するところもありまして，その都度再納入をお願いしているのですが，対応が悪いところについては，今回真っ先に取引終了の候補になるのではないかと思います。

古門先生　なるほど。

遠藤さん　こういう場合，取引先にはどのようにアプローチしていけばよいでしょうか。契約の締結の場面では，法務のサポートということでいろいろと検討したことはあるのですが，実は取引を終了させていくという場面に携わったところがあまりなくてですね……。

古門先生　ええっ，本当ですか。

遠藤さん　えっ！　何かまずいでしょうか。

古門先生　いえいえ，そんな遠藤さんにオススメの書籍がありますよ。『契約解消の法律実務』という本なんですけどね。

遠藤さん　なんですか，いきなり。

古門先生　失礼しました。読者の方に，この本の位置づけをお伝えしたくてですね。

遠藤さん　読者って誰ですか，読者って。

【契約関係の解消】

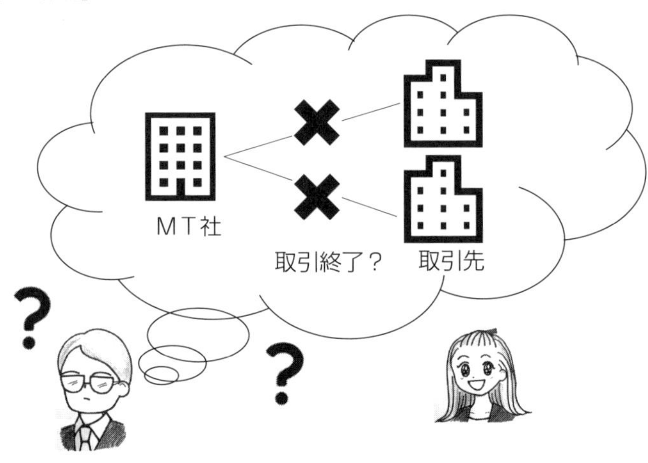

古門先生 では，遠藤さんと読者のみなさま，契約関係の解消に向けての基本の「き」について，以下で一緒にみていくことといたしましょう。

1．はじめに

契約を締結した場合，まずはその契約のとおりに債務を履行する義務を負うのが大原則である。

他方で，契約締結後のビジネス環境の変化や当事者間のトラブル等により，契約関係を解消したい場面が出てくることがある。この場合に，適切な解消方法を選択し，必要な手順を踏まないと，相手方から契約違反を問われるなど，何らかの紛争に発展するリスクがある。

例えば，相手方の債務不履行などの解除原因が見当たらないにもかかわらず，契約継続が不要だからといって，一方的に契約の履行を打ち切ってしまうと，問題が生じる。

まず，法的な終了原因がなければ，いくら一方的に契約終了を通知したとしても，契約の効力が消えてなくなるわけではない。そのような場合には，依然として，相手方からは従来の契約の履行を求められることになり，法的にそれを拒むことはできない。むしろ自社が正当な理由なく契約を履行していないとして，相手方に対して債務不履行責任を負うことになり，場合によっては相手方に対する債務不履行に基づく多額の損害賠償責任を負うことになりかねない。

そのため，契約関係の解消の局面においては，対象となる契約の内容をよく理解した上で，自社の事業部の意向や事情を踏まえ，適切な手段を選択することが必要になる。

本書は，企業間の契約関係の解消を念頭に，具体的な局面における適切な解消方法の選択・実施に役立てていただくため，その際に参照すべき考え方や具体的なアプローチなどを整理するものである。

本書では，**第１章**において，契約関係の解消に関する一般的な考え方や留意点などを確認する。そして，**第２章**において，ケーススタディとして，具体的な仮想事例をもとに，契約関係の解消について事業部から相談を受けている法務部員の立場に立って，その事例における解消アプローチの検討を行う。

2．検討の視座

遠藤さん　契約関係の解消にあたっては，適切なアプローチを選択することが必要ということはわかりました。たしかに，契約，つまり約束をしたのですから，突然契約は不要になったと言って一方的に切ることはできないですよね。

古門先生　そのとおりです。相手方の立場からみれば，そのように一方的に反故にされないように，まさに契約を結んでいるというわけです。

遠藤さん　なるほど。では，次に解消のために取るべき手段について，教えてください。これは法律に何か規定があるのでしょうか。

古門先生　法律に関連する規定があるものもあれば，ないものもあります。

遠藤さん　あるものもあれば，ないものもあると。うーん。

古門先生　そもそも契約は，恒久的に存続するものでしょうか。

遠藤さん　いえ，そんなことは。契約書に有効期間が定められているものが大半ではないでしょうか。うちの会社だと，取引契約は短いものだと１年くらいから，長いものだと５年くらいに及ぶものもあると思いますね。

古門先生　そうですね。有効期間が定められているものであれば，有効期間が満了すれば，契約関係は終了することになりますね。

遠藤さん　たしかに。今回対象になる個々の取引先との契約の有効期間がいつまでか，表にまとめてみることにします。

古門先生　良い検討方法だと思います。

遠藤さん　しかし，すべての契約について，うまいタイミングで有効期間が満了するとよいのですが，おそらくそうではないでしょう。その場合には，一体どうすればよいですかね。

古門先生　まずは解消方法を類型ごとに整理した上で，それぞれの方法の特性やメリットなどを確認し，今回のケースに当てはめて，どれが最適か検討してみてはいかがでしょう。

遠藤さん　いいですね。そうします！

古門先生　……。

遠藤さん　……その類型というのも，先ほどおっしゃった『契約解消の法律実務』という本に載っているということですかね。

古門先生　載っています。以下で早速みてみましょう。

遠藤さん　なんだかなぁ。

(1) 法的構成

契約関係を解消するにあたっては，大きく分けて以下の４つのパターンが考えられる。

① 解除
② 期間満了
③ 合意による終了
④ 一時的な停止

①解除とは，法律または契約に基づいて，一方的に契約を終了させる権利としての解除権を行使して，契約関係を解消することである。**第1**では，このうち法律または契約に基づく一定の解除事由の発生を要件とするものを，「強制解除」といい，解除事由を要件としない契約上の権利に基づくものを「任意解除」と呼ぶことにする。

強制解除により一方的に契約を終了させるためには，後述するとおり，相手方による債務不履行など，一定の要件を満たすことが必要となり，任意解除の場合は，契約に定められた手続を履践することが必要となる。

②期間満了とは，契約に定めた期間が終了したことにより，契約関係を解消

することを指す。期間満了による契約終了の場合は，契約の効果を途中で消滅させるのではなく，契約に従ってその効力がなくなるということになるので，具体的なアクションがなくとも，契約関係を解消できる。

ただし，一般に，期間満了の一定期間前に契約の終了を相手方に通知しなければ，自動的に契約が更新される条項（自動更新条項）が設けられている契約も多いため，このような条項がある場合には，個々の契約に定められた予告期間を確認した上で，相手方に契約を期間満了で終了させる旨の通知を行う必要がある。

【参考】 自動更新条項の記載例

第○条

本契約の有効期間は，本契約の締結日から１年間とする。但し，期間満了の３カ月前までに，いずれかの当事者から更新しない旨の意思表示がない限り，本契約は更に１年間延長されるものとし，以後も同様とする。

また，自動更新条項が設けられていなかったとしても，実務的には，相手方への配慮等から，契約更新は行わない旨の事前の通知を行うことがある。

期間満了間近の契約であれば，期間満了を待って契約関係を終了するというのも，有力な選択肢の１つである。

③合意による終了は，文字どおり，当事者間の合意により契約関係を解消することである。法令や契約に基づく契約の終了が難しい局面で，それでも契約関係の解消を望む場合には，相手方と交渉し，合意による終了を目指すほかない。合意によるので，当事者間で終了の時期や方法等を柔軟に決定することができ，実務上の混乱も回避することができる。他方で，相手方との合意に至らなければ契約を終了できないので，相手方との協議・交渉が困難な場合には不向きといえる。

④一時的な停止とは，例えば，取引先との間で取引基本契約を締結し，継続

的に製品の納入を受けているような場合に，将来の発注をしばらく停止するようなケースを指す。

この場合，取引基本契約自体は終了しておらず，依然として効力を持っているものの，具体的な発注に基づく個別契約が成立しないことになるため，一定期間取引を中断するに等しくなる。このような場合も，継続的な受発注を止めるという意味で，従来の契約関係の解消という側面を持つ。そのまま個別の発注を行うことなく，取引先との取引が消滅することもあれば，一定期間後に取引基本契約に基づき再び発注を行うこともあり得る。一時的に発注を縮減する場合などに考えられる方策である。

原則として，①（解除）のうち，強制解除については，契約の効力を一方的・強制的に断ち切る場合であるため，通常は相手方に何らかの落ち度（債務不履行など）があることが必要である。他方で，その他のパターン（任意解除，期間満了，合意による終了，一時的な停止）については必ずしもそのような事情は必要でない。

また，①（解除）と③（合意による終了）は，契約期間の途中で契約の効力を終了させることになるが，②（期間満了）と④（一時的な停止）については，

【契約の始期から終期まで】

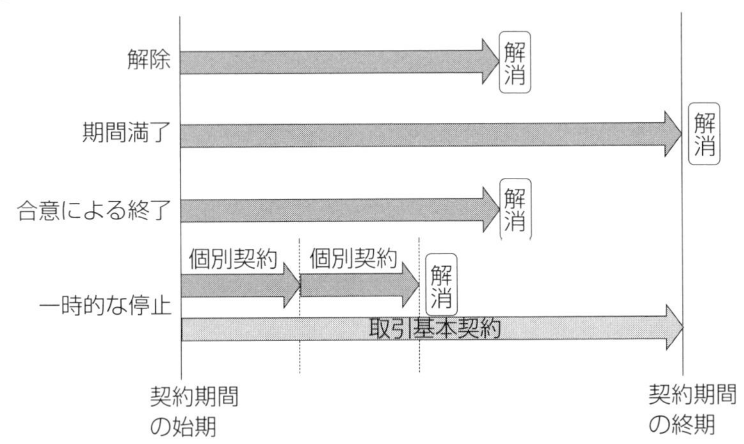

すでに成立した契約（④については個別契約）の内容を変更することなく，期間満了まで予定どおり履行することになる。

なお，このほか，具体的な事案によっては，そもそも当初の契約の有効性を争うことにより（例えば錯誤により契約を取り消すと主張するなど），契約関係を解消することも考えられるが，本書では，あくまですでに成立した契約が有効であることを前提として，その契約関係の解消方法に焦点を当てて解説することとしたい。

⑵ 根　拠

ア 契　約

①解除の場合，一方当事者による強制的な契約の終了であるため，契約または法律に基づき解除する権利（解除権）を有していることが必要である。

②期間満了による契約終了の場合には，契約期間は通常は契約書に有効期間の定めがあるため，その条項を参照することになる。④一時的な停止についても，個別契約の申込みや成立について，取引基本契約に一定の規律（以下を参照）が定められているので，該当の条項を確認することが必要となる。

【参考】 個別契約の申込み・成立に関する取引基本契約の条項例

第○条（個別契約）

1　乙（売主）から甲（買主）に売り渡される商品の品名，仕様，種類，数量，価格，納期，納品場所，受渡条件等売買に必要な条件は，本基本契約に定めるものを除き，別途個別契約にて定める。

2　個別契約は，甲が，商品の品名，仕様，種類，数量，価格，納期，納品場所，受渡条件等，乙が指定した事項を明示した所定の注文書により乙に発注し，乙が所定の注文請書を甲に送付し甲に到達した時に成立する。ただし，注文書送付後，○営業日以内に乙から諾否の回答がないときは，個別契約は成立したものとみなす。

3　甲は，○月ごとに乙に対する発注計画を示すものとするが，当該計画は暫定的な見込みであり，乙に対する発注ではないことを，甲乙は相互に確認する。

①解除の場合について，まずは強制解除から，以下に詳述する。

一般に，企業間の契約では，相手方の債務不履行や信用状態の悪化に備えて，以下のような内容の解除条項が設けられることが多い。

【参考】 解除に関する契約書の記載例

第○条（解除）

1　甲及び乙は，相手方が本契約に違反した場合，催告後○日以内に相手方が当該違反を是正しないときは，本契約を解除することができる。

2　甲及び乙は，相手方が次の各号の一に該当する場合には，何らの催告を要せず，直ちに本契約を解除できる。

(1)　支払不能，支払停止の状態に陥ったとき。

(2)　手形小切手の不渡りや，銀行取引の停止処分があったとき。

(3)　破産手続，民事再生手続，会社更生手続等の法的倒産手続の申立てをし，又は申立てを受けたとき。

(4)　廃業又は解散したとき。

(5)　差押え，仮差押え，仮処分，競売手続の申立て，滞納処分を受けたとき。

(6)　関係官公庁からその営業につき，取消又は停止の処分を受けたとき。

(7)　その他著しく信用が悪化し，又はそのおそれがあると甲が認めるとき。

(8)　その他本契約を継続しがたい重大な事由が生じたとき。

3　第1項及び前項の解除権の行使は，相手方に対する損害賠償の請求を妨げない。

上で挙げた参考例でいうと，第１項が相手方の債務不履行を理由とする解除権の行使について，第２項が相手方の信用状態の悪化などを理由とする解除権の行使（いわゆる倒産解除条項[1]）について定めている。第１項では，相手方が催告後一定期間を経ても契約違反（例えば債務不履行）を是正しないこと，第２項では，各号に定める事柄が生じたことが，それぞれ解除権を発生させる事由（解除事由）となっている。

また，債務不履行や倒産のほか，当事者が反社会的勢力に該当することも解除事由とされることが多い。

契約に定める解除事由が認められる場合には，契約に基づく解除権の行使として，相手方にその旨の意思表示を行う（一般的には書面により通知することになる）ことにより，その契約を一方的・強制的に終了させることができる。

なお，民法540条２項は，解除の意思表示は撤回することができないと定めているため，契約において別段の定めがない限り，いったん解除権を行使したら，相手方の了解を得ない限り，それを撤回することはできない。

【参考】 民法の規定

（解除権の行使）

第540条　契約又は法律の規定により当事者の一方が解除権を有するときは，その解除は，相手方に対する意思表示によってする。

２　前項の意思表示は，撤回することができない。

1　倒産申立てを理由とする解除条項については，当該契約の性質や債務者の事業再建等に与える影響にかんがみて，無効と解される場合もあり，常に万能ではないことに留意すべきである（最判昭和57年３月30日民集36巻３号484頁，最判平成20年12月16日民集62巻10号2561頁）。

解除権の行使に関しては，当事者間において，解除事由に該当する事実の有無（例えば相手方の債務不履行の事実の有無）が争われることも多い。そのため，法務担当者としては，解除権を行使する場合には，事業部からの話をよく聞き，該当の資料を確認するなどして，解除事由が証拠に基づき認められるかどうか，すなわち仮に裁判になって自社による解除権の行使の有効性が争われた場合に，その裁判に勝てるかどうかという観点からも，慎重に検討する必要がある。

これに対し，任意解除の場合には，解除事由の有無を検討する必要はない。任意解除の場合には，契約の規定（以下を参照）に沿った対応となるように，終了時期から逆算して必要な解除通知を送付するなどの対応を行えばよい。

【参考】 任意解除の条項例

> 第○条（任意解除）
> 　甲及び乙は，有効契約期間中といえども，書面による○カ月前の予告通知をもって，本契約を解除することができる。

イ　法律（民法）

契約書に解除事由が定められていない場合や契約書が作成されていないような場合であっても，相手方の債務不履行など一定の事由が認められる場合には，民法の規定に基づき契約を解除することができる。

民法は，541条～543条において，債務不履行があった場合などについての解除に関する一般則を定めている。

民法541条は，「催告による解除」として，相手方が債務を履行しない場合に，相当期間を定めて履行を催告しても，その期間内に履行がなければ，契約の解除をすることができると定めている。相手方にいわゆる履行遅滞がある場合の解除の場面を規定するものである。例外として，催告期間の経過後の時点で，債務不履行の程度が契約および社会通念に照らして軽微である場合には，解除

【解除事由】

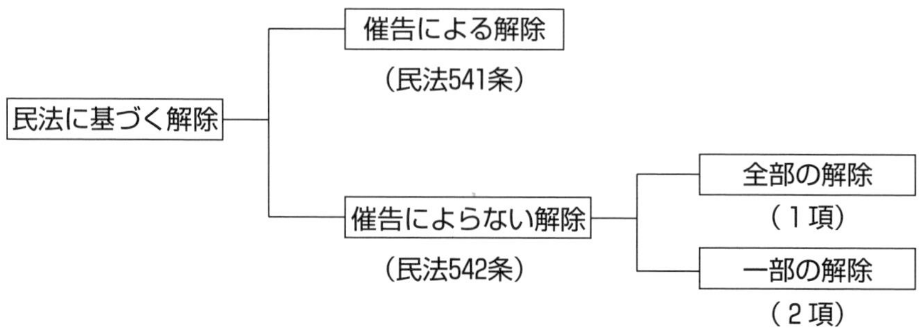

ができないとされている（同条ただし書）。

催告に要する「相当な期間」とは，具体的なケースに応じて，債務の目的物の種類・量，債務者の住所と履行地の距離，交通機関の状態その他すべての事情を考慮して決められるべきものであり[2]，あらゆるケースにおいて一概に決まるものではない。そのため，相当な期間の定め方は取引の類型等によって種々あり得る[3]。

次に，民法542条は，「催告によらない解除」として，５つの解除事由を挙げている。具体的には，以下のとおりである。

① 債務の全部の履行が不能であること（１号）
② 相手方がその債務の全部の履行を拒絶する意思を明確に表示したこと（２号）
③ 債務の一部の履行が不能であるか，相手方が債務の一部の履行を拒絶する意思を明確に表示した場合であって，残部の債務の履行のみでは契約の目的が達成できないこと（３号）

2 我妻榮・有泉亨・清水誠・田山輝明『我妻・有泉コンメンタール民法―総則・物権・債権〔第７版〕』（日本評論社，2021年）1141頁。

3 なお，仮に相当な期間の設定が誤っていたとしても，催告としての効果は生じ，「相当な期間」経過後に解除権は生じると解される（大判昭和２年２月２日大審院民事判例集６巻４号133頁，最判昭和29年12月21日民集８巻12号2211頁）。

④　契約の性質等により，特定の時期に履行をしなければ契約の目的を達することができない場合に，相手方が履行せず，その時期が経過したこと（4号）
⑤　①～④以外の場合で，相手方が債務の履行をせず，催告をしても契約の目的を達するのに足りる履行がされる見込みがないことが明らかであること（5号）

これら5つの解除事由のいずれかに該当する場合には，相手方に催告することなしに，直ちに契約を解除することができる。

また，契約の一部について，履行が不能であるか，相手方が履行を拒絶する意思を明確に表示したときには，その一部について，催告なしに直ちに契約を解除することができる（民法542条2項）。

なお，相手方の債務の不履行が，むしろ自社（債権者）の責めに帰すべき事由によるものであるときは，民法541条または542条に基づく解除権を行使することはできない（民法543条）。

【参考】　民法541条～543条

（催告による解除）
第541条　当事者の一方がその債務を履行しない場合において，相手方が相当の期間を定めてその履行の催告をし，その期間内に履行がないときは，相手方は，契約の解除をすることができる。ただし，その期間を経過した時における債務の不履行がその契約及び取引上の社会通念に照らして軽微であるときは，この限りでない。
（催告によらない解除）
第542条　次に掲げる場合には，債権者は，前条の催告をすることなく，直ちに契約の解除をすることができる。
一　債務の全部の履行が不能であるとき。
二　債務者がその債務の全部の履行を拒絶する意思を明確に表示したとき。

三　債務の一部の履行が不能である場合又は債務者がその債務の一部の履行を拒絶する意思を明確に表示した場合において，残存する部分のみでは契約をした目的を達することができないとき。

四　契約の性質又は当事者の意思表示により，特定の日時又は一定の期間内に履行をしなければ契約をした目的を達することができない場合において，債務者が履行をしないでその時期を経過したとき。

五　前各号に掲げる場合のほか，債務者がその債務の履行をせず，債権者が前条の催告をしても契約をした目的を達するのに足りる履行がされる見込みがないことが明らかであるとき。

2　次に掲げる場合には，債権者は，前条の催告をすることなく，直ちに契約の一部の解除をすることができる。

一　債務の一部の履行が不能であるとき。

二　債務者がその債務の一部の履行を拒絶する意思を明確に表示したとき。

（債権者の責めに帰すべき事由による場合）

第543条　債務の不履行が債権者の責めに帰すべき事由によるものであるときは，債権者は，前２条の規定による契約の解除をすることができない。

以上は，2017年に成立した民法の一部を改正する法律（平成29年法律44号）による改正（以下「改正」という）後の民法の規律である（本書では特段の言及がない限り，「民法」というときは改正後民法のことをいう）。2020年４月１日以降に締結した契約については，改正後民法が適用されるが，それよりも前に締結した契約については，改正前民法が適用されることになる[4]。

改正前民法の契約の解除に関する規定は，以下のとおりである。

4　改正前に締結した契約でも，改正後に更新した契約については改正後民法が適用されることに注意を要する。

【参考】 改正前民法の解除に関する規定

（履行遅滞等による解除権）
第541条　当事者の一方がその債務を履行しない場合において，相手方が相当の期間を定めてその履行の催告をし，その期間内に履行がないときは，相手方は，契約の解除をすることができる。
（定期行為の履行遅滞による解除権）
第542条　契約の性質又は当事者の意思表示により，特定の日時又は一定の期間内に履行をしなければ契約をした目的を達することができない場合において，当事者の一方が履行をしないでその時期を経過したときは，相手方は，前条の催告をすることなく，直ちにその契約の解除をすることができる。
（履行不能による解除権）
第543条　履行の全部又は一部が不能となったときは，債権者は，契約の解除をすることができる。ただし，その債務の不履行が債務者の責めに帰することができない事由によるものであるときは，この限りでない。

改正前民法では，明文または解釈上の要件として，債務者（解除権の行使を受ける相手方）の帰責事由が要求されていたが（改正前民法543条ただし書参照），改正後民法では，従来の解釈を改め，解除の一般的な要件として債務者の帰責事由を不要としたと解されている。また，催告によらない解除に関する定めも，改正前民法は，改正後民法に比べて限定的であった。

このように，改正の前か後かによって，民法上の解除事由に関する定めについては差異がある。そのため，民法に基づく解除権の行使を検討する場合には，対象の契約の締結時に注意して，適用される民法の規律（改正前か改正後か）を確認する必要がある[5]。

5　なお，改正後民法541条ただし書は，新設の規定ではあるが，改正前民法の判例法理を明文化するものであり，実質的には新たな規律ではないと理解されている。

ウ　その他の終了原因

契約類型によっては，特別の解除事由や契約の終了原因が定められていることがある。そのため，前記**イ**の解除に関する一般則に加え，解消を検討する契約について，法律に解除等に関する特別の定めがないか確認し，活用できる規定があれば活用することを検討するのがよい。

例えば，実務でよく用いられる請負契約や委任（準委任）契約について，民法では，契約の履行途上での解除や終了について，特別の定めが設けられている。

具体的に，請負契約については，注文者が必要としなくなった場合にも請負人に仕事を完成させることは社会的にも無意義であることから，民法641条により，請負人の債務不履行のいかんを問わず，請負人が仕事を完成するまでの間，注文者はいつでも損害を賠償して契約の解除ができると定められている。請負契約については，注文者が破産した場合に請負人が解除することができるとの定めもある[6]（民法642条１項）。

【参考】　民法641条および642条（請負）

（注文者による契約の解除）

第641条　請負人が仕事を完成しない間は，注文者は，いつでも損害を賠償して契約の解除をすることができる。

（注文者についての破産手続の開始による解除）

第642条　注文者が破産手続開始の決定を受けたときは，請負人又は破産管財人は，契約の解除をすることができる。ただし，請負人による契約の解除については，仕事を完成した後は，この限りでない。

２　前項に規定する場合において，請負人は，既にした仕事の報酬及びその中に含まれていない費用について，破産財団の配当に加入することが

6　請負人が破産した場合については，破産法53条（破産管財人による解除または履行選択）が適用されると解されている（最判昭和62年11月26日民集41巻８号1585頁）。

できる。

3　第１項の場合には，契約の解除によって生じた損害の賠償は，破産管財人が契約の解除をした場合における請負人に限り，請求することができる。この場合において，請負人は，その損害賠償について，破産財団の配当に加入する。

また，委任契約については，信任関係を契約の基礎とすることにかんがみて，原則としていつでも各当事者が契約を解除できるとされている（民法651条１項）。準委任契約も同様である（民法656条）。

委任契約が受任者の利益をも目的とするような場合（例えば，受任者の委任者に対する債権の担保目的での取立委任など）であっても，解除権の行使自体は制限されないが[7]，やむを得ない事由があるときを除き，相手方に対し，解除による損害を賠償する責任を負うことになる（民法651条２項）。

このほか，委任契約が当事者間の信任関係を基礎とすることを考慮して，当事者の死亡や破産手続開始決定を受けたことなどが，委任契約特有の契約終了原因とされている（民法653条）。

【参考】　民法651条および653条（委任）

（委任の解除）

第651条　委任は，各当事者がいつでもその解除をすることができる。

2　前項の規定により委任の解除をした者は，次に掲げる場合には，相手方の損害を賠償しなければならない。ただし，やむを得ない事由があったときは，この限りでない。

一　相手方に不利な時期に委任を解除したとき。

7　改正前民法では，委任契約が受任者の利益をも目的とするような場合における解除権の行使の可否について争いがあったが，改正後民法により解除権の行使自体は認めるという形で立法的解決が図られている。

二　委任者が受任者の利益（専ら報酬を得ることによるものを除く。）をも目的とする委任を解除したとき。

（委任の終了事由）

第653条　委任は，次に掲げる事由によって終了する。

一　委任者又は受任者の死亡

二　委任者又は受任者が破産手続開始の決定を受けたこと。

三　受任者が後見開始の審判を受けたこと。

以上に挙げたのは改正後民法の条文であり，改正前民法では，個別契約の解除等に関する規律がやや異なっているため，対象となる契約の締結時を基準に，改正前・後のいずれの民法の適用を受けるか，よく確認することが必要である。

請負・委任のほか，実務上特に留意すべきは，不動産の賃貸借契約についての規律である。借地借家法により，借地人・借家人の保護のため，契約の終了に関して特別な定めが置かれており，通常の契約の終了にはみられない要件が加重されている。

すなわち，土地の賃貸借契約（建物がある場合に限る）および建物賃貸借契約については，契約期間の満了によっても当然に契約を終了できることにはならない。

例えば，借地契約であれば，借地権設定者および借地権者（転借地権者を含む）が当該土地の使用を必要とする事情のほか，借地に関する従前の経過および土地の利用状況ならびに借地権設定者が土地の明渡しの条件としてまたは土地の明渡しと引換えに借地権者に対して財産上の給付をする旨の申出をした場合におけるその申出（いわゆる立退料の申出）を考慮して，「正当の事由」があると認められる場合でなければ，借地契約の更新についての異議が認められない（借地借家法６条）。そのため，借地契約を終了させるためには，「正当の事由」が認められることが必要となる。

借家契約に関しても，同様に，建物の賃貸人および賃借人（転借人を含む）

が建物の使用を必要とする事情などを考慮して「正当の事由」が認められる場合でなければ，当該借家契約の更新を拒絶し，終了させることができない。

なお，このような「正当の事由」が必要とされるのは，あくまで借地人または借家人が契約の更新を望む場合であって，双方当事者（貸主および借主）が合意により期間満了で解約する際には正当の事由は不要である。

【参考】 借地借家法関係条文

（借地契約の更新請求等）

第５条　借地権の存続期間が満了する場合において，借地権者が契約の更新を請求したときは，建物がある場合に限り，前条の規定によるもののほか，従前の契約と同一の条件で契約を更新したものとみなす。ただし，借地権設定者が遅滞なく異議を述べたときは，この限りでない。

２　借地権の存続期間が満了した後，借地権者が土地の使用を継続するときも，建物がある場合に限り，前項と同様とする。

３　転借地権が設定されている場合においては，転借地権者がする土地の使用の継続を借地権者がする土地の使用の継続とみなして，借地権者と借地権設定者との間について前項の規定を適用する。

（借地契約の更新拒絶の要件）

第６条　前条の異議は，借地権設定者及び借地権者（転借地権者を含む。以下この条において同じ。）が土地の使用を必要とする事情のほか，借地に関する従前の経過及び土地の利用状況並びに借地権設定者が土地の明渡しの条件として又は土地の明渡しと引換えに借地権者に対して財産上の給付をする旨の申出をした場合におけるその申出を考慮して，正当の事由があると認められる場合でなければ，述べることができない。

（建物賃貸借契約の更新等）

第26条　建物の賃貸借について期間の定めがある場合において，当事者が期間の満了の１年前から６月前までの間に相手方に対して更新をしない旨の通知又は条件を変更しなければ更新をしない旨の通知をしなかったときは，従前の契約と同一の条件で契約を更新したものとみなす。ただし，その期間は，定めがないものとする。

2　前項の通知をした場合であっても，建物の賃貸借の期間が満了した後建物の賃借人が使用を継続する場合において，建物の賃貸人が遅滞なく異議を述べなかったときも，同項と同様とする。

3　建物の転貸借がされている場合においては，建物の転借人がする建物の使用の継続を建物の賃借人がする建物の使用の継続とみなして，建物の賃借人と賃貸人との間について前項の規定を適用する。

（解約による建物賃貸借の終了）

第27条　建物の賃貸人が賃貸借の解約の申入れをした場合においては，建物の賃貸借は，解約の申入れの日から６月を経過することによって終了する。

2　前条第２項及び第３項の規定は，建物の賃貸借が解約の申入れによって終了した場合に準用する。

（建物賃貸借契約の更新拒絶等の要件）

第28条　建物の賃貸人による第26条第１項の通知又は建物の賃貸借の解約の申入れは，建物の賃貸人及び賃借人（転借人を含む。以下この条において同じ。）が建物の使用を必要とする事情のほか，建物の賃貸借に関する従前の経過，建物の利用状況及び建物の現況並びに建物の賃貸人が建物の明渡しの条件として又は建物の明渡しと引換えに建物の賃借人に対して財産上の給付をする旨の申出をした場合におけるその申出を考慮して，正当の事由があると認められる場合でなければ，することができない。

エ　合　意

法律や契約に根拠がなかったとしても，契約当事者間で合意することにより，いつでも契約関係を解消することは可能である。

契約関係の解消について当事者間に異存がないのであれば，合意による契約の終了は簡便な選択肢である。当事者間の合意によるものなので，検討すべき要件は特にない。協議においては，具体的な解消に向けて，時期や原状回復の方法などの実務的な面を詰めていくことが主眼となる。

また，仮に当初は相手方が契約関係の解消に難色を示していたとしても，法律や契約に基づく契約の終了が困難とみられる場合には，合意による契約の終了がほぼ唯一の選択肢となることも多い。

そのような場合には，相手方との合意形成に向けて，協議・交渉するほかないということになる。その際は，自社における契約関係の解消の必要性や得られる利益を念頭に，相手方の立場や事情を確認した上で，例えば相手方に生じる経済的な損失の全部または一部を塡補するなど，何らか双方が歩み寄れるような解決策がないか検討することになる。

⑶ 効　果

ア　遡及効

契約に別段の定めがない限り，解除の効果として，各当事者は原状回復義務を負う（民法545条１項本文）。

これは，解除が契約の効力を遡及的に消滅させるという直接的な効果を生じることから，一種の不当利得返還義務として，各当事者が受領した物の返還等の原状回復義務を負うことになるためであると一般に理解されている（直接効果説）。そして，当事者の未履行の債務については，契約の効力が消滅することにより，履行義務を免れるということになる。

契約が遡及的に消滅するのであれば，理論的には契約の不履行に基づく損害賠償請求権も消滅することになりそうであるが，当事者間の公平を保つ趣旨から，民法545条４項は損害賠償請求権について消滅しないことを規定している。

民法545条１項ただし書により，契約の解除によって第三者の権利を害することはできない。合意による契約の終了に際しても，第三者の権利を害するような場合，当該第三者との協議・交渉が必要になる。ただし，不動産の帰属をめぐるケース（例えば，不動産の売買契約後に第三者に転売がなされ，その後に元となる売買契約が合意解約されたようなケース）であれば，当該第三者が対抗要件を備えていることが必要になる（最判昭和33年６月14日民集12巻９号1449頁）。

解除に基づく各当事者の原状回復義務は，原則として同時履行の関係に立つ（民法546条）。

以上のように解除には通常は遡及効があるため，例えば相手方に引き渡した目的物の返還を求めたい場合であれば，解除を選択し，契約の履行がなかった状態に巻き戻すのが直截的であろう。

【参考】 民法545条および546条

（解除の効果）

第545条　当事者の一方がその解除権を行使したときは，各当事者は，その相手方を原状に復させる義務を負う。ただし，第三者の権利を害することはできない。

2　前項本文の場合において，金銭を返還するときは，その受領の時から利息を付さなければならない。

3　第１項本文の場合において，金銭以外の物を返還するときは，その受領の時以後に生じた果実をも返還しなければならない。

4　解除権の行使は，損害賠償の請求を妨げない。

（契約の解除と同時履行）

第546条　第533条の規定は，前条の場合について準用する。

なお，改正前民法は，改正後民法545条３項に該当する明文の規定は存在しなかったものの，契約の解除の効果について，改正後民法と同様の規律である。

イ　将来効

賃貸借契約・雇用契約・委任（準委任）契約・組合契約などの継続的契約関

係については，解除の遡及効が適用されず，契約の効力は将来に向かってのみ消滅することになる（民法620条，630条，652条，684条）。

【参考】 民法620条

（賃貸借の解除の効力）
第620条　賃貸借の解除をした場合には，その解除は，将来に向かってのみその効力を生ずる。この場合においては，損害賠償の請求を妨げない。

ウ　その他契約終了の場合

前記２(3)**ア**および**イ**は，契約の解除（前記２(1)①）による効果である。

期間満了（前記２(1)②）の場合には，契約の効力は契約の終了と同時に消滅するのみで，遡及的に契約の効力を消滅させることはない。また，一時的な停止（前記２(1)④）の場合にも，すでに履行が完了した個別契約については，期間満了と同じく，契約の効力は予定どおりの終期に消滅する。取引基本契約については，同契約自体を解除または合意により終了させることがない限り，そのまま有効に存続することになる。

合意による終了（前記２(1)③）の場合に，契約の効力を遡及的に消滅させるか，将来に向かってのみ消滅させることとするかという点は，契約終了に際しての当事者間の合意によって決めることになる。そのため，例えば引き渡した一部の目的物については返還を求めず，その他については契約を遡及的に消滅させたいときなど，柔軟な後処理を図りたい場合には，合意による終了を選択するメリットがあるといえる。

なお，合意による終了の場合の第三者の権利との関係については，前記２(3)**ア**で述べたとおりである。

⑷　その他

ア　解除権の消滅

法律または契約に基づいて解除権が発生した場合であっても，解除権が事後的に消滅することもあるため，解除権の行使に際しては，消滅事由が発生していないかという点に留意が必要である。民法では，544条２項，547条および548条において，解除権が消滅する場合が規定されている。

また，催告期間の経過後で解除の意思表示を行う前に，相手方から履行遅滞による損害も含めて完全な履行の提供があった場合には，解除権は行使できないと解されている（大判大正６年７月10日大審院民事判決録23輯1128頁）。

このほか，解除権は形成権（債権）であるため，民法166条１項により消滅時効[8]にかかることにも注意が必要である（最判昭和62年10月８日民集41巻７号1445頁など）。

【参考】　民法544条，547条および548条

（解除権の不可分性）

第544条　当事者の一方が数人ある場合には，契約の解除は，その全員から又はその全員に対してのみ，することができる。

２　前項の場合において，解除権が当事者のうちの一人について消滅したときは，他の者についても消滅する。

（催告による解除権の消滅）

第547条　解除権の行使について期間の定めがないときは，相手方は，解除権を有する者に対し，相当の期間を定めて，その期間内に解除をするかどうかを確答すべき旨の催告をすることができる。この場合において，その期間内に解除の通知を受けないときは，解除権は，消滅する。

8　2020年４月１日より前に締結した契約については，旧商法522条により５年で消滅時効にかかる。

（解除権者の故意による目的物の損傷等による解除権の消滅）
第548条　解除権を有する者が故意若しくは過失によって契約の目的物を著しく損傷し，若しくは返還することができなくなったとき，又は加工若しくは改造によってこれを他の種類の物に変えたときは，解除権は，消滅する。ただし，解除権を有する者がその解除権を有することを知らなかったときは，この限りでない。

イ　下請法[9]・独禁法[10]の適用

契約関係の解消にあたり，下請法の適用を受ける取引[11]については，下請法で禁止される親事業者の行為に該当しないように留意する必要がある。

例えば，契約関係を早期に解消したいからといって，すでに下請事業者に発注した分について，発注を取り消して委託した目的物の受領を不当に拒んだり，欠陥がないのに返品したりすることは，下請法違反に該当する（いわゆる「受領拒否」や「返品」，下請法４条１項１号，４号)。仮に返品について下請事業者の合意を得ていたとしても，下請法違反に該当するため，下請法の適用を受ける取引については，相手方（下請事業者）が同意しているからといって，安易に合意による終了で発注を取り消し，目的物を返品することなどがないように，注意すべきである。

また，契約関係の解消が市場における競争に悪影響を与えそうな場合には，独禁法にも目配りする必要がある。例えば再販売価格に関する要請に従わないことを理由として，小売店との取引を停止する場合など，独禁法上の違法な行為の実効を確保する手段として契約関係を解消する場合には，具体的な事情次第では，不公正な取引方法（一般指定２項（その他の取引拒絶）等）として独禁法違反になるリスクがある。

9　正式名称は「下請代金支払遅延等防止法」（昭和31年法律120号）。
10　正式名称は「私的独占の禁止及び公正取引の確保に関する法律」（昭和22年法律54号）。
11　下請法は，一定の資本金要件を満たす事業者同士の取引のうち，製造委託，修理委託，情報成果物作成委託および役務提供委託の取引について，適用がある。

独禁法違反が強く疑われるような場合，法務としては，契約関係の解消を実行すべきでないことについて，事業部に伝えるべきである。

第2　契約解消の検討にあたって必要な視点

1．契約解消の目的は何か

取引先や委託先との契約の終了について相談を受けた法務担当者は，まず，その案件においてどういった効果を求めるのかを確定する必要がある。なぜなら，契約の終了は，あくまで手段にすぎず，その手段によって達成したい目的が背後にあるからである。ここが不明確であったり，事業部と法務で齟齬が生じてしまうと，本来達成したかった目的が達成できない事態になりかねない。法務担当者としては，相談者である事業部が何を求めているかをヒアリングした上で，それを達成するための法的手段および当該案件において当該手段がとり得るかを検討することが求められるのである。

契約を終了させる効果には，主に，①契約締結前の原状に戻すこと，②契約上の義務から自社を解放することを挙げることができる。また，解除それ自体の効果ではないものの，③損害賠償の請求や秘密情報の扱いなど，契約の終了時に検討すべき効果もある（なお，このような効果は，通常は民商法といった法令から直接導かれるわけではないので，契約締結時に契約内容として定めておくか，契約終了時に新たに相手方と合意をする必要がある）。

以下，①～③の効果を簡単に解説する。

(1)　①契約締結前の原状に戻す

契約終了の効果として，契約がなかった状態に戻したい，原状回復を図りたいという場合がある。例えば，メーカーが高額な機械を購入したにもかかわらず，希望していた性能を満たしていなかったために，売買契約を法的になかった状態にして，売主に売買代金を返還してもらいたい場合である（**第2章第1**参照）。反対に，売買契約において，売主が機械を販売したにもかかわらず，買主が代金を支払わない場合，売主は売買契約を解消して買主に当該機械を返還してもらいたいと考えるであろう。

このような効果を望む場合には，契約を解除すればよい。契約を解除した場合の原状回復義務については，民法上に規定がある。

【参考】 民法545条（解除の効果）

> 1　当事者の一方がその解除権を行使したときは，各当事者は，その相手方を原状に復させる義務を負う。ただし，第三者の権利を害することはできない。
> 2　前項本文の場合において，金銭を返還するときは，その受領の時から利息を付さなければならない。
> 3　第1項本文の場合において，金銭以外の物を返還するときは，その受領の時以後に生じた果実をも返還しなければならない。
> 4　解除権の行使は，損害賠償の請求を妨げない。

単純に，支払った代金や引き渡した機械の返還を求めればよいだけであれば，このように契約を解除し，民法上の原状回復義務を理由に相手に返還を求めれば足りる。

他方，原状回復の範囲についてやや立ち入った検討が必要な場合もある。特に，解除をしようとする契約を前提として，様々な権利関係が構築されているような場合には，原状回復義務の効果が及ぶ範囲に注意が必要である。例えば，パーソナルトレーニングに関する事業の営業権を営業譲渡契約により譲渡された譲受人が，当該契約締結後において当該契約の目的物に関する役務を指定役務として商標登録を受けた後に，当該契約が解除された場合において，営業譲渡契約の解除に基づく原状回復義務の範囲には，当該契約締結後に出願し，登録を受けた商標権の移転登録手続は含まれないと判断された事例がある（知財高判平成31年2月27日平成30年(ネ)第10074号）。

また，厳密には原状回復義務とは別の問題ではあるが，解除の遡及効により，自社に不利益がないかについても検討が必要な場合がある。例えば，開発委託契約において委託者と受託者が発明にかかる特許を受ける権利を共有する条項が定められたところ，この開発委託契約が合意解除された後，当該条項の効力が契約解除後も存続するかが争われた事例がある（知財高判平成20年10月28日判時2023号140頁。この事例では，開発委託契約の有効期間は，契約締結日から委託業務の終了日までとすると定められていたものの，特許権等の工業所有権に関する定めは，当該工業所有権の存続期間中有効とする効力存続条項があったため，結論としては解除後も特許を受ける権利は共有であると判断された）。

このような，解除による原状回復の範囲や遡及効による影響などについては，契約締結の時点において検討し，手当をしておくことが望ましい。例えば，遡及効による影響に関しては，「本契約の●●条及び××条は本契約の終了後も引き続き効力を有する」といった存続条項があれば問題にならない。このように，契約解消の問題は，契約締結にあたっても強く意識すべきである（本書では，**第2章**において事例に即した契約解消の検討を行った上で，「そのような問題を避けるには契約締結時にどのような契約を締結しておけばよかったか」という観点からも検討を加えているので，参考にされたい）。

なお，請負契約においては，請負人による仕事の完成がないまま履行期が経過すれば，注文者は請負人の債務不履行に基づいて請負契約を解除することができるが，民法634条は，以下のとおり，解除時に目的物が未完成であっても，一定の場合，注文者が受ける利益の割合に応じ報酬を請求することができることを定めている。

【参考】 民法634条（注文者が受ける利益の割合に応じた報酬）

> 次に掲げる場合において，請負人が既にした仕事の結果のうち可分な部分の給付によって注文者が利益を受けるときは，その部分を仕事の完成と

みなす。この場合において，請負人は，注文者が受ける利益の割合に応じて報酬を請求することができる。
一　注文者の責めに帰することができない事由によって仕事を完成することができなくなったとき。
二　請負が仕事の完成前に解除されたとき。

つまり，注文者が債務不履行を理由として契約を解除した場合，請負人から出来高での報酬の請求がなされる可能性が高い。注文者としては，このような請求を予想した上で対応を検討する必要がある。なお，委任契約においても委任が履行の中途で終了したときにおける履行の割合に応じた報酬請求権が受任者に認められている（民法648条３項２号）。

システム開発など成果物が複雑で，かつ中途で終了した場合の出来高の算定が難しい契約においては，清算について契約上特別な定めが置かれている場合もあるため，法令だけでなく契約書を慎重に検討する必要がある。

⑵　②契約上の義務から自社を解放する

契約終了により，特別な定めがない限り，契約上負う義務からの解放が可能になる。

例えば，売買契約で目的物が納品されたが，目的物が契約に適合していないため代金を支払いたくないという場合には，契約を解除すれば代金支払義務を消滅させることができる。また，システム開発において，ベンダーの業務内容が，ユーザーが求める水準に達しておらず，直ちに稼働を止めたい場合にも，契約を終了させることが考えられる。さらに，取引基本契約を締結して継続的に取引をしている場合において一定の発注義務を負っている場合に，発注先を切り替えるような場合にも，取引基本契約を終了させて発注義務を消滅させることが考えられよう（**第２章第２**参照）。

⑶　③その他の効果等

民法上の契約解除の効果としては，主に，ここまでに概説した①契約締結前の原状に戻すこと，②契約上の義務から自社を解放することを挙げることができる。

契約の解消にあたって検討の中心になるのはこの２つであることが多いが，それ以外にも，契約上，一定の効果を定めておくことも多い。また，契約の解消の効果ではないが，契約の解消の際には，あわせて相手方の責任を追及することも多い。ここでは，このような契約の解消に関係する論点について簡単に解説する。

ア　契約に規定する契約解消の効果

契約上，民法等の法律には規定がない契約解消の効果を定めることがある。代表的なものとして，以下を挙げることができる。契約締結の場面では，このような義務を課しておく必要がないか検討することが望ましく，契約解消の場面では，達成したい目的に合わせて手掛かりとなる規定がないか検討することが望ましい。

- **秘密情報の取扱い**
  秘密保持条項において，契約終了時には秘密情報を削除または返還すること，開示当事者が求めた場合には削除を証明する書面を提出しなければならないことなどを定めることが多い。
- **存続条項**
  民法上の解除の効果により，契約解消により契約に基づいて当事者が負う義務が消滅することになるが，契約終了後も相手に義務を負わせるべき条項もある。そのため，契約の終了によっても一定の条項は効力が存続することを規定することが多い。例えば秘密情報や個人情報の取扱い，権利帰属，損害賠償責任，準拠法・裁判管轄，権利義務の譲渡禁止等の条項について存続させることが多い。
- **競業避止義務**
  業務提携契約，ライセンス契約（**第２章第４**）および共同研究開発契約（**第２**

章第５）など，契約当事者が長期にわたって協力関係を築くような契約では，契約中のみならず，契約終了後も一定期間にわたって競業避止義務を課すことがある。なお，この義務については，内容によっては独禁法上の問題があり得ることには注意が必要である。

イ　契約の解消の際の責任追及

契約を解消しようとする場合，相手方の契約上の義務の履行内容に不満があることが多い。このような場合には，契約を解消することに加え，相手方への責任追及もあわせて検討が必要になることが多い。例えば，債務不履行，不法行為および製造物責任等に基づく損害賠償請求が考えられる。

また，売買契約や請負契約において納品された目的物に不満があるときは，契約の解消ではなく，契約に適合した目的物の納品こそが重要なことも多い。そのような場合には，契約の解消もオプションとして検討しつつ，目的物の修補請求を第一に検討することもある。

２．検討の視点

(1)　法的な検討に必要な視点

契約解消を検討する際には，以下のような視点での検討が有用な場合が多い。

①　契約解消によって達成したいことは何か
②　①の達成したいことは法的にどう構成できるか
③　②の法律構成について，当該案件において必要な要件を満たすか（立証可能か）

①②の視点から，達成したいことが法的に構成できないのであれば，実現するには新たに合意をするほかない。例えば，業務提携契約の解消にあたって，解消後１年間の競業避止義務を課したいが業務提携契約上は競業避止義務を定

めていなかった，といった場合である。この場合に，競業避止義務を課すためには，相手方との間で契約解消にあたっての合意書を作成し，その中で新たに競業避止義務を課すほかない。相手方からすると，新たに義務を負うことになるので，他の条件（例えば，金銭の支払）では譲歩を余儀なくされるであろう。また，合意がまとまらずに訴訟で解決することになった場合にはかかる目的は達成できないので，交渉上も比較的不利な立場にあるといえる。

②③の視点から，達成したい目的を法的に構成することは可能であるが，必要な要件を具備していることの立証が必ずしも容易ではない場合には，訴訟になった場合に自社の主張が認められないリスクがどの程度かを測りつつ，対応方針を検討することになる。

他方，立証が十分に可能な場合には，比較的強気の対応が可能になる。契約の解除をしたいのであれば，内容証明郵便等で契約の解除を一方的に通知することで足りることもあるし，あわせて損害賠償の請求等をする場合にも，「協議がまとまらなければ訴訟提起する」という強気の方針で対応することが可能になる。

したがって，法的構成を検討した後は，事実関係を確認し，要件の具備の有無および立証可能性の確認が必要になる。

(2) 要件の具備の有無および立証可能性の検討

解除事由に該当することの立証について考えると，例えば契約に基づく金銭の支払がなされていない，といった場合などは，債務不履行に基づく解除の要件を具備することが明らかで，立証も容易であることが通常である。

他方，製造委託契約や請負契約に基づき納品された目的物の契約不適合を立証する場合などは，要件の具備の判断および立証に困難を伴うことが多い。目的物の内容が複雑な場合には，契約において仕様を一義的に定めることが難しく，かつ契約締結後に仕様の変更が生じていることも多く，そもそも契約不適合の契約内容の特定や立証が難しいことが少なくないからである。また，複雑な構造の機械やシステムなどが目的物の場合，環境や条件によって性能が変わることもあり，契約と目的物の「不適合」の立証も容易ではないことも多いことに注意が必要である（**第２章第１**参照）。

このことからもわかるように，要件の具備の有無および立証可能性の検討は個別に判断するほかなく，この点を検討することおよび検討結果をもとに社内の意思決定の調整をすることは，契約解消にあたっての法務の重要な任務になる。

３．契約解消の手段

契約を解消する場合，単に解除通知を行ってそれで終了するときもあるが，そうでなければ，通常，裁判外の任意の交渉による対応か，裁判による対応が必要になる。通常は，裁判外の任意の交渉を試み，解決が難しい場合に訴訟提起を行う，ということになるであろう。

訴訟提起を行うか否かの判断にあたっては，上述の立証の難易という法的な判断に加え，以下のような点も考慮要素になる。

- **相手方との関係性**
  相手方が重要な取引先である，または当該案件以外にも取引が継続している，といった場合には，相手方との関係性を考え，訴訟提起を控えるということがあり得る。
- **訴訟に要するコスト**
  訴訟には，弁護士費用といった金銭的コストの他に，解決に最大数年を要するという時間的コストもかかる。また，弁護士からのヒアリングや証人尋問への対応などに伴い生じる担当者の負担も無視できない。
- **レピュテーションリスク（評判リスク）**
  例えば，長年にわたって継続的に取引を行ってきた会社と裁判上で対立し，基本契約を解消することは，法的には可能であっても会社の評判という観点では問題があり得る。このように，レピュテーションリスクも１つの考慮要素になる。

また，以上のような点を加味して裁判外の任意の交渉を行うこととした場合，法務の関与の仕方としては，以下のようにいくつかの対応が考えられる。

- 交渉は事業部同士で行い，法務は交渉のサポートや合意書の作成といったバックアップに徹する
- 法務担当者同士が交渉を行う
- 代理人弁護士に交渉を任せ，法務は代理人弁護士と事業部との橋渡しを担当する

可能であれば，事業部同士の話し合いで解決することが望ましいのが通常ではあるが，交渉の場の発言等が後々不利に働く可能性もあり，当該案件の性質や相手方との関係も踏まえて対応を決めるべきである。

第3 契約書・解除通知を作成する際のポイント

これまでみてきたとおり，契約関係を解消したい場合に，自社の一方的な意思のみによってできるとは限らない。契約または法律で定められた根拠に基づいて解除するか，契約で定められた期間が満了するか，あるいは相手方との間で契約関係解消の合意が成立するかしなければ，取引関係を解消できないのが原則である（前記第1の2(1)参照）。

このように考えると，契約関係の解消の可否は，かなりの部分，契約条項に左右されるといっても過言ではない。

そこで，以下では，契約関係の解消という視点から，契約書作成にあたって留意すべきポイントについて整理する。あわせて，実際に解除することとなった場合における対応の典型例として，解除通知書面の作成・発送にあたっての留意点についても説明する。

1．契約書作成のポイント

(1) はじめに

契約書をドラフト（下書き）する際は，典型的には，新規ビジネスの立ち上げや，相手方と新たな取引関係に入る局面であるから，少なくとも事業部としては，基本的には，ビジネスのスキームであったり利益の分配といった前向きな話に目が向きがちである。逆にいうと，契約の期間や，更新をしない場合の処理であったり，あるいは契約の解除を想定した条項の作り込みには，あまり意識がいきにくく，知的財産権の帰属や第三者との間で生じた紛争の処理等といった，込み入った条件交渉が必要になりそうな項目については「別途協議する」で済ませてしまう場合も少なくない[1]。実際，事業部から契約書のドラフティング（草稿）の依頼を持ち込まれた際，契約解除の条項については完全に法務への「お任せ」であったり，契約期間については，尋ねれば存続年数や自動更新の有無について希望をいってもらえるが，特段強いこだわりがないというケースも少なくないように思われる。

法務担当者としては，不幸にして新たな事業がうまくいかなかった場合についても想定した上，自社の損失を最低限に抑えられるよう，一歩引いた立場からドラフティングに関与していくべきである。

留意すべきポイントは事案によってまちまちであるが，以下に述べる点は往々にして問題となるため，押さえておいたほうがよい。

⑵ 契約期間

第２章でもたびたび登場するが，契約期間がどのようになっているかは，契約解消の検討にあたって重要となる。したがって，契約書を作成する際には，契約期間や更新条件について，契約解消の可能性も踏まえて慎重に検討することが望ましい。

一般論ではあるが，双方当事者の力関係が対等な場合，契約解消のしやすさは，双方にとって同程度となっていることが多い。自社にとって，契約関係に入るためのコストが大きければ大きいほど，簡単に契約解消されては困るから，相手方から契約解消されにくい契約を望み，その結果として，自社からも契約解消しにくい契約となることが多い。自社が意図しない契約解消を防ぐことも，リスク管理として重要な観点であるが，いざ自社が契約解消したい場合には，それが叶わず，事業上の障害となってしまう可能性も否めない。

また，自動更新の定めを置く場合，更新時期の一定期間前の通知などといった何らかのアクションを踏むことで，一方的に契約更新を止める，つまり契約解消できるアレンジが採用されることが多い。このような契約条項の文言のみ

1　もちろん，契約締結時にこれらの条件を確定させる情報が揃っていないということは十分にあり得，（これらの情報が揃った時点における）「別途協議」に委ねるということも，全く不合理ということではなく，それはそれで１つの解決策となり得る。

をみた場合，契約解消がしやすいものと判断しがちであるが，実際には諸々の事情で自動更新条項が契約解消の足かせとなるケースもあり得るところである。詳しくは**第2章第3**【販売提携契約】を参照されたい。

(3) 解除事由，解除プロセス

ア 契約解除事由

相手方に契約上の義務違反があった場合，一定の条件下で，民法の規定に基づき契約解除をすることができる（民法541条および542条等[2]）。また，民法によらずとも，契約上，一定の義務違反があった場合や，その他契約上に規定した事由が生じた場合，契約の解除ができる旨を定めておくことが多い。

したがって，契約期間の満了前であっても，契約の相手方が，契約上の義務を履行しない場合には，これを根拠とした契約解消を検討することとなる。

もっとも，少なくとも民法上は，どんな些細な義務であってもその違反について常に契約解除できるとは限らず，軽微な義務違反があったとしても，債務の本旨に従った履行がなされていれば，契約解消は認められないことが多い（特に民法541条ただし書参照[3]）。相手方において何らかの義務違反があった場合に，自社にとっては重大な義務違反だとしても，裁判所において軽微な義務違反にすぎないと認定され，結局解除が認められないというリスクがつきまとう。

また，相手方に義務違反があったとしても，その義務違反が自社の責任によるものである場合には，解除ができないことが民法上明記されている（民法543条[4]）。自社が相手方の義務違反を理由に解除を主張したところ，相手方より，この義務違反は自社の責任だと主張され，紛争化するケースもあり得る。

---

2 改正前民法に基づく解除に関しては前記**第1**の2(2)・17頁を参照されたい。

3 前掲**第1**の2(2)の注5）「なお，改正後民法541条ただし書は，新設の規定ではあるが，改正前民法の判例法理を明文化するものであり，実質的には新たな規律ではないと理解されている。」でも触れたとおり，改正前民法においても，明文の規定はないものの，判例法理において同様のことが認められていた。

4 改正前民法においては，債務者（つまり解除権の行使を受ける相手方）の帰責事由が求められるものと解されていた（前記**第1**の2(2)・17頁参照）。

そこで，自社にとって，特に相手方に遵守してもらいたい重要な義務については，その違反が解除事由となることを，契約上明記しておくべきである。また，義務の違反の有無について，解釈上争いが生ずる展開も想定し得るため，義務違反があったかどうか，客観的一義的に判断できるような義務を定めておくことが望ましい。さらに，解除事由によっては民法543条の適用を排除することを明文で規定しておくことも考えられる。

イ　契約解除のプロセス

契約の解除事由に該当した場合に，実際に契約を解除するために，どのようなプロセスを踏む必要があるのか，契約上規定しておくことがある。

民法上は，基本的には，相手方に債務の履行がない，あるいは不十分である場合には，相当の期間を定めて相手方に催告をし，その期間内に履行がない場合に，契約の解除ができることになっている（民法541条）。ただし，債務の全部の履行が不能である場合や，相手方が履行を拒絶する意思を明確に表示している場合等といった一定の場合には，このような催告をせずに，即時に契約を解除することができるとされている（民法542条，無催告解除という）。

以上が民法上の原則であるが，催告の手順をより明確にする，あるいは民法に定める以外の事由による無催告解除を認める，催告以外の方法によることとする等，契約解除のプロセスを具体的に規定しておくことも考えられる。催告の手順を明確にする場合，催告によって相手方に与える時間的な猶予をどれくらいにするか（民法にいう「相当の期間」では解釈上の争いが生じかねない），相手方が，与えられた猶予期間において，指摘された内容について是正したのか否かを誰が，どのように判断するのか等，規定しておくことが考えられる。

また，無催告解除について，民法が定める以外の事由について規定をする場合には，どのような事由について認めるか，具体的に規定する必要がある。もっとも，相手方に何ら是正の機会を与えずに直ちに解除することとなるので，現実的には，およそ契約の目的を達成することができないような場合（民法でもある程度カバーされている。542条１項３号ないし５号参照），相手方に信用不安が生じ一刻も早い対応が必要となる場合や，相手方が反社会的勢力であることが判明した場合等に限られるかもしれない。

さらに，解除に向けた手順として催告を定める例が比較的多いとは思われるが，催告→履行による治癒という一方向的なプロセスではなく，当事者の一方が不履行を主張する際には相手方に協議を申し入れ解決を図るということも考えられなくもない（さらに，協議申入れの前に催告を挟むことも考えられる）。バリエーションとして，実務担当者間で一定日数協議をさせ，解決しなければ上席同士の協議へとエスカレーションさせることも考えられる。

あるいは，義務違反とは少し離れるが，契約上の目的を達成した場合や，客観的にみて契約関係を維持する理由がなくなったような場合のように，相手方による是正が想定されない場合に，催告によらない解除を定めておく意義があり得る。

(4) 損害賠償

相手方の義務違反に伴って契約関係を解消する場合，義務違反によって自社に生じた損害の賠償についての検討が必要となり得る。

民法の原則からすると，債務不履行があった際に賠償を請求できる損害は，「通常生ずべき損害」であって，「特別な事情によって生じた損害」については，「当事者がその事情を予見すべきであったとき」に限って，賠償の請求ができる（民法416条）。

「通常の損害」「特別な事情によって生じた損害」「その事情を予見すべきであったとき」の内容は解釈によることとなり，相手方との間で見解の相違が生ずる可能性が大いにあり得る。

そのため，あらかじめ，義務違反があった際の損害賠償の範囲を明確にしておくことがあり得る。

また，上記の民法上の原則によった場合であっても，「特別な事情」や「その事情を予見すべきであったとき」の解釈の根拠として，当事者間で認識されていた背景事情を，契約上に明記することも考えられる。例えば，ある機械の装置を購入する売買契約を締結する際，背景事情として，購入した機械装置は，ある最終製品の部品であって，いつまでに，最終製品の組立業者である第三者に納品する必要があり，当該契約の期限どおりに当該部品が納入されないと，組立業者における作業に重大な支障があり，甚大な被害が生じ得る，といった内容を，契約書面か，交渉過程のやりとりなど，何らかの形で確認しておくことが考えられる。

なお，損害賠償の条項も，双方とも対等な条件とすることが多いと思われるが，もしも自社が金銭を支払う立場であれば，その義務違反としては支払の遅れくらいしか考えられず，相手方に想定外の損害を与えてしまう可能性はあまり高くないと思われ，賠償を要する損害の範囲を広めに規定しても支障がないことが多いように思われる。他方，自社が金銭の支払を受け，何らかの商品や役務を提供する場合には，なるべく賠償を要する損害の範囲を限定したほうが望ましいであろう。

別の検討軸として，あらかじめ違約金（損害賠償額の予定）を定めておくべきかという点もある。損害を被る立場からして，発生し得る損害を金額として見積るのが困難な場合や，損害を発生させてしまう立場からしても，損害額が無限定に広がってしまわないように上限を定めてリスクを限定するニーズもあり得る。ただし，損害を被った側がこの違約金額を超えた損害の発生を立証した際に，超過額の請求を認めるか否かは，あらかじめ協議の上合意し，契約条項に明記すべきである。

⑸ 裁判管轄，準拠法

裁判管轄や準拠法の条項も重要である。国際的な取引に関する契約では，どのような類型の契約でも条項が設けられることが多いが，必ずしも，十分な検討を踏まえた上で設けられたものか不明なものも散見される。しかしながら，当該取引に関して紛争が生じた際に，これらの条項の規定が障害となり，請求を断念するケースもあり得るところである。したがって，紛争化する可能性も視野に入れた上，慎重に対応することが重要である。

ア　訴訟か，仲裁・調停か

まず，紛争解決手段として，訴訟を想定するか，それ以外の手段（典型的には仲裁・調停）を選択するか，検討することになる。

調停は，双方が調停による解決内容に同意しない限り成立しない。仲裁は，両当事者が納得していなくとも仲裁人が行った判断に拘束されるものの，訴訟ではなく仲裁によって解決するということ自体については，双方の合意が必要である（仲裁合意）。これらに対し，訴訟であれば，相手方の同意なく提起することができるし，相手方が判断に納得していなくとも（控訴等の不服申立ては認められ得るが），拘束力を及ぼすことができる。

その他，訴訟と仲裁・調停の違いとしては，訴訟において当事者の請求の当否を判断するのは裁判官である一方，仲裁・調停については当事者が選んだ仲裁人・調停人であり，専門技術的な知識が求められる分野であれば，かかる分野の専門家を仲裁人・調停人として選任することで，専門知識に裏づけられた判断を得ることが可能となる。もっとも，訴訟においても，専門委員等の形によって，専門家を手続に関与させる制度がある。

また，重要な違いとしては，訴訟は原則として公開されるのに対し，仲裁・調停については非公開が原則という点や，訴訟は法律で定められた手続に則って実施されるのに対し，仲裁・調停については，手続の詳細は当事者で定めることができ，自由度が高く，案件の特殊性にかんがみた手続によることができるという点が挙げられよう。

以上の諸点に加え，相手方が海外にある場合，執行可能性の観点から手続を選択することも必要になる。すなわち，日本の裁判所で判決を取得することができても，当然に相手方が存在する海外で執行できるものではなく，外国判決の承認の手続を経る必要がある。しかしながら，外国判決の承認を受けるためには一定の要件を満たす必要があり，国によってはそのハードルがかなり高い場合もある。

他方，仲裁については，ニューヨーク条約に加盟する国であれば，仲裁判断に基づく執行が認められている。したがって，相手方が海外にある場合には，執行可能性の観点から仲裁手続が選択される場合もある。

なお，紛争解決手段として仲裁を選択した場合，契約書等に仲裁合意を定める条項を規定する必要があるが，仲裁合意として必要な事項の規定がないと，仲裁合意としての有効性が否定されかねない。主要な仲裁機関が仲裁条項の例を公開しているため，参考にするとよい。

イ　紛争解決の場所

相手方が日本企業でも海外企業であっても，紛争解決を行う場所は，自社に近ければ近いほうがよいと思われる。ただし，知的財産が問題となっている事件のように，東京地裁や大阪地裁にしか訴訟が提起できない場合や，相談できる弁護士の所在地に考慮して近隣の裁判所よりも大規模庁の裁判所を選択するケースもあると思われる。

もっとも，相手方が海外企業の場合に，積極的に海外での紛争解決（特に相手方が所在する国での紛争解決）を望む場面は，それほど多くないように思われる。あり得るとすれば，訴訟の判決の執行可能性の観点から，判決の承認手続が不要であり直接に相手方の持つ財産を執行できるように，あえて相手方の所在国を選択する場合などが考えられないではないが，特に欧米諸国以外の国の場合，専門家へのアクセスや手続に対する知識等の面で，相当なハンディキャップを得る可能性がある点に十分留意すべきと思われる。

以上のことは，相手方にとっても同様であり，契約当事者の双方とも，自国での解決を望むことが通常と思われる。それでは合意がまとまらないので，現実的な落としどころとして，両者の中間に位置する場所にしたり，あるいは，紛争解決に訴える（訴訟を提起したり仲裁等を申し立てる）当事者の相手方の所在地とすること（被告地主義）が選択される。被告地主義とする場合，請求をする側は，必然的に，戦いにくい敵地での手続を余儀なくされることになることから，法的請求に二の足を踏みやすくなるという副次的な効果がある。

ウ　準拠法

当事者が締結した契約を，いかなる国の法律に基づいて解釈するかという問題である。訴訟や仲裁・調停に至った際，準拠法と紛争解決地が一致していれば，その判断者（裁判官，仲裁人，調停人）に改めて現地の法律について説明する必要はないが，紛争解決地と別の国の法が準拠法として指定されている場合には，当事者において，その法律の内容を主張・立証する必要が生じる。訴訟に関していえば，原則として，「裁判官は法を知る」といわれるとおり，外国法も含めた法律は主張・立証の対象とはならないが，実際上は，両当事者による主張・立証がなされているというのが実務の大勢である。

なお，準拠法としてある国の法を指定したとしても，競争法や個人情報保護法等の法令違反があった際に，執行当局を指定できるわけではない点に留意が必要である。つまり，米国におけるビジネスを行うために契約を締結し，その準拠法として日本法を指定したとしても，米国においてかかる合意が競争法違反であるとされた場合には，米国の競争当局により執行を受けることになり，準拠法は日本法であるからといって，米国独禁法の適用がないと主張することはできない。

(6) その他解除による影響を手当する条項

以上はどのような類型の取引であっても典型的に手当を要することになると思われる点であるが，その他，具体的な個々の取引にあたって留意が必要になる点につき，手当の要否を考えておく必要がある。

例えば，物品の委託製造契約やライセンス契約に基づいて物品を製造販売する場合，契約関係が終了した後は，原則として，相手方が保有する特許や商標を使用することができなくなる。しかし，それでは，契約関係が継続すると信じて製品を作り過ぎ，在庫が多く存在する場合に，これを販売することができなくなり，損失を被ることになる。そのため，契約解消した場合に，一定期間，在庫品を従前の条件で販売することができる旨を規定しておくことが考えられる。

また，秘密保持契約について，契約終了後は受領した情報を削除するものとされている例が多くみられるが，サーバ内に残ったデータまで消去する必要があるのか，相手方の要求なく当然に行う必要があるのか，実務上の対処に困る局面があり得る。これらの点もあらかじめ契約上明らかにしておくことが望ましい。

その他，契約終了後にも競業禁止や相手方の従業員の引抜禁止等，一定の義務が課されることがあるが，その期間が合理的なものとなっているか，半永久に続くような約束となっていないか，慎重に検討すべきである。

2．解除通知作成のポイント

以上，契約書作成における一般的な留意点について説明をした。実際に解除を行う際，解除する契約においてどのような手順を踏むこととされているのかによって，求められる手続が異なってくるが，多くの場合，その契約を解除する旨の意思表示を行うことが想定されていると思われる。意思表示の方法（口頭でも可とするのか，書面を要する必要があるのか，さらに，書面を要するとして，送付する手段や送付先の取決めの有無等）について契約上で定められていれば，それに従うべきであるが，原則として，意思表示の明確化・記録化の観点から，書面で行うことが望ましい。

以下では，書面による解除の意思表示の手段としての，解除通知の作成について説明する。なお，実際上は，解除の意思表示のみを書面に記載するのではなく，履行の催告など，解除のために必要な手続の履践も兼ねる場合があり，あわせて以下で適宜説明する。

(1) はじめに―解除通知の例

実際には，事案の内容に応じ，様々な要素を考慮した上で作成することになるが，その一例として考えられるフォーマットを掲載する。なお，海外の取引先に送付することを想定した英文での解除通知の例も掲載する。

【和文での解除通知の例】

令和●年●月●日

●●株式会社　御中

××契約の解約について

●●株式会社
××事業本部
本部長××印

貴社との間で締結した●年●月●日付××契約（以下「原契約」といいます。）及び●年●月●日付覚書（以下「本覚書」といい，原契約とあわせて「本契約」といいます。）について，ご連絡いたします。

当社は，本覚書●条●項の規定に基づき，本書面をもって貴社に通知することにより，本書面の発送から6カ月以上を経過した●年●月●日をもって，本契約を解約いたします。

ついては，原契約●条●項に基づき，●年●月●日に貴社に納入した，貸与金型一式を，別途協議させていただく方法により，当社まで返却くださるよう，通知いたします。

【英文での解除通知の例】

＜自社のレターヘッド＞

BY E-MAIL
BY COURIER

A Corporation
X-X-X, XXX,

Tokyo, Japan,

100-XXXX

October 1 st, 202X

TO: B Holdings, Inc.
X-X-X, YYY,
U.S.A., 55555
Attention: XXX

CC: B Europe GmbH
Z-Z, ZZZ,
Germany, 14000
Attention: YYY

RE: Termination of the XXX Agreement dated XX XX, XXXX

Dear Sirs/Madams,

We refer to XX Agreement dated XX XX, XXXX (the "Original Agreement") and amendment thereof dated YY YY, YYYY (the "Amendment") by and among B Holdings, Inc., B Europe GmbH and A Corporation.

This notice is being sent to the record address and attention of B Holdings, Inc. and B Europe GmbH pursuant to Section XX of the Amendment.

Pursuant to Article XX of the Amendment, under which XXXXXX months prior written notice is required for termination, we hereby give notice to B Holdings, Inc. of our intention of termination, of the Original Agreement and Amendment thereof, with lapse of XX XX XXXX.

Sincerely yours,

[Name]
[Title]
[Department]
A Corporation

⑵ レターヘッド

特に海外とやりとりをする際，レターヘッドの入った用紙を用いることが比較的一般的である。レターヘッドとは，⑴の英文の通知例において冒頭に記載されるもので，会社名，住所やロゴなどの入った定型のデザインである。この企業が正式に発行した文書であることを示すものであり，この点を担保するため，定型のデザインを印刷するだけでなく，透かしなどの入った特別な用紙を用いることとし，その用紙は総務関係部署などにおいて管理し，使用のためには申請を要するといった取扱いも行われる。

法的な効力の発生を企図した文書である以上，発送するにあたっては，正式に発行した文書であることを示すためのフォーマリティに従うべきである。企業によって，どのようなプロセスで，どういった方式で文書を出すか，決められている場合があるため，確認するとよい。

なお，日本国内のやりとりでは，あまりレターヘッドは使用されず，代わりに，代表者印や社印の押捺によって，その企業が正式に発行した書類であることを示すことが行われている。

⑶ タイトル，本文

具体的な事案にもよるが，事前の書面上のやりとりや交渉が特にないような場合には，解除通知の本文には以下の内容を記載すれば足り，それ以上のことは特段言及しない場合が多いように思われる。

① 解約する契約の特定
② 解約理由の明示と条項の特定
③ 解約に基づく要求等

ア 解約する契約の特定（①）

以上のうち，①については，解約したいもともとの契約だけでなく，それがその後覚書等によって延長や修正されている場合には，それらについても列記することが行われる。法的観点からは，解約したい契約が特定されていれさえすれば十分であるが，解除や期間に関する条項や，通知先を定める条項などが，後の覚書等によって修正されている場合もあり得るので，双方の議論の土台を明示する趣旨で，列記しておいたほうが無難と思われる。もちろん，複雑な経緯をたどり，すべて列記するとかなり煩雑になるような場合には，省略しても差し支えないであろう。

イ 解約理由の明示と条項の特定（②）

法的観点からは，契約の解除にあたって，単に「●●契約を解除します」とだけ通知するのでは，相手方にとって，それが契約に基づく解除であって受け入れざるを得ないものなのか，一方的な都合で行ったものであり抗議し損害賠償を求めるべきなのか，判断がつかないであろうから，契約条項に基づく場合には，どの条項に基づくものなのか，明示すべきことが比較的多いと思われる。

もっとも，相手方に債務不履行が存在する場合には，その概要のみを明示し，契約に基づくのか，民法に基づくのか，民法に基づくとした場合にはどの条文に基づくのか，あえてはっきりさせないこともあり得る。構成によって解除の時点や効果が異なる場合には，はじめからスタンスを明示せずに，交渉の中でベストなものを採る余地を残しておくためである。

ただし，構成によっては解除のために必要な要件が異なり（相当な期間をおいた催告など），いずれの構成によっても解除できるよう，必要な要件は押さえるよう留意されたい。

ウ　解約に基づく要求等（③）

契約解除の主目的が契約関係の終了である場合，上記の①と②の記載をすれば十分である。例えば，相手方から製品を購入するため，売買基本契約を締結していたが，今後の購入を取りやめるために契約解除するという場合，それ以上相手方に何か求めることはなく，契約を解除する旨のみを通知すれば十分であろう。

他方，契約解除に伴って，相手方に何かを要望する場合があり得る。例えば債務不履行に基づいて契約を解除するが，当該不履行によって自社に損害が生じたので賠償してもらいたいといった場合や，秘密保持契約を解除するが，相手方に渡した秘密を返却ないし消去してもらいたいといった場合などが考えられる。

これらの場合，契約を解除する旨の通知に加え，自社の要望事項も一緒に伝えることになる。

エ　その他

事案によっては，それまでに両者間での協議が先行している等により，上記の①～③のみの記載では不十分な場合もあり得る。この手の通知書は，後に双方で法的紛争に発展し，訴訟提起等に至った場合には，訴状（あるいは答弁書）に証拠として添付される可能性の高い文書であり，訴訟のかなり序盤で裁判官が読むことになると思われる。したがって，訴訟まで見据えた場合には，この通知書は双方当事者の交渉過程に関する証拠になるものと意識すべきである。具体的には，通知書を送付した際に主張していた内容と，訴訟になった後での主張との間に齟齬があると，審理を担当する裁判官において，主張が一貫しておらず，責任逃れ（あるいは言いがかり）のために場当たり的な主張をしているのではないか，と捉えられるおそれがあるため，なるべく保守的な[5]記載にしておいたほうがよいことが多い。

⑷ 宛先，差出人，送付方法

ア 通知方法について契約に指定がある場合

契約によっては，当該契約に関する通知の方法や宛先について指定されている場合がある。この指定に基づかない意思表示が一切無効となるのかは，このような指定をした条項の解釈次第と思われるが，相手方に余計な交渉材料を与えぬよう，可能な限り，指定された方法に従って通知をすべきである。

例えば，通知の宛先として，契約当事者（相手方の本社）だけでなく，その関連会社（ある地域を統括しているグループ会社など）にも，「写し」として加えるよう求めるものもみられる。

また，特に海外との契約に多いが，通知の方法が指定されている場合がある。郵送は時間と費用がかかることもあり，日常的にはメールでやりとりされていることが多いと思われるが，契約上は，法的な意思表示については郵送によるべきものとされていることも散見される。

イ 契約の指定に従った通知だと支障がある場合

実務上あり得るのが，契約上通知先と指定された先が存在しないこと等が判明している場合である。例えば契約上，担当者のメールアドレスが記載されており，そちらに通知するように指定されているが，当該担当者はすでに退職しており，メールアドレスが使えなくなっていることがわかっている場合や，本社に郵送することとされているが，数年前に本社が移転していることがわかっており，旧本社宛に郵送しても新本社に転送されるかわからない場合などである。

このような場合における現実的な対応としては，①契約に従って，届かない宛先に通知し（かつその旨の記録も残し），かつ，②（契約書には記載がない

5　法務担当者として，事実関係の調査を進める中で，様々な事実関係に触れることになると思われるが，そのエビデンスは様々と思われる。例えば，捺印のある契約書が残っている，担当者間のメールが存在する，当時案件を担当していた者が聴取調査に対して述べていた，等々である。通常であれば，この順で信用性が高く，後にこれに反する事実がみつかる可能性は低いと思われる。担当者が口頭で述べているだけで，何の裏づけ資料も存在しないような事柄については，よほどの必要がない限り，書面に残すにあたっては慎重になるべきである。

が）連絡のつく連絡先にも通知をする，というものが考えられる。同じ通知書を，相手方の複数の窓口に送付しても，記載内容に矛盾等がなければ，法的には特段問題ないであろうから，契約に従った通知を行った体裁を整えておくことが望ましい。

ウ　通知方法について契約に指定がない場合

このような指定がない場合には，通常のビジネスの過程におけるやりとりに倣って通知することで差し支えないであろう。日本企業同士の契約であれば，このような指定のない場合も多いと思われる。その際，あえて内容証明等によって通知をすることもあり得るが，あまり一般的とは思われず，やはり，通常に用いられるビジネスレターによることも多いように思われる。

ただし，日頃の交渉窓口となっている事業部の担当者が通知することを避けるべき場合もあり得る。当該担当者の上長か，あるいは責任所管部門の長や法務部（あるいは法務部長）の名義，もしくは代表取締役の名義など，種々考えられるが，相手方との関係性や社内の状況に応じて検討することとなる。

また，三者間契約など，二者以上の当事者がいる場合には，誰に通知を送るべきか，検討をすべきである。相手方との間の債権債務の性質によっては，全当事者への通知がないと解除の効力が生じないということもあり得るためである。

⑸ 「弁護士対応」への切替え

以上においては，主として企業名義での通知を送付することを念頭に説明した。もちろん，相手方との関係や，解除をするに至った経緯，これまでの交渉状況等によっては，事件処理を委ねた代理人弁護士に処理を任せ，当該弁護士名義で通知をすることも考えられる。

そのタイミングは，案件によって様々であるが，従前の相手方との関係から解除の条件等について交渉の余地がない場合や，当事者間でこれまで十分な協議を行ったものの折り合うのが難しいような場合が考えられよう。

なお，弁護士名義での通知ではなく，会社名義での通知とするが，社外の弁護士に通知をドラフトさせ，あるいは解除の構成等について助言を受けることも多く行われている。後に法的紛争に至る可能性の大きい事案では，訴訟における主張との整合性も重要になってくるため，その際の戦略と矛盾した内容の挙動を取ってしまうことのないよう，早い段階から弁護士の助言を得ることが望ましい。

第2章

ケーススタディ

第1　売買契約

古門先生　遠藤さん，先日は契約の解消についてご相談ありがとうございました。その後，いかがですか。

遠藤さん　古門先生，その節はお世話になりました。おかげさまで，契約の解消について，基礎的な内容を理解できました。

古門先生　それはよかったですね。ところで，今日は少しお疲れではないでしょうか。

遠藤さん　え，わかりますか？

古門先生　この古門，顧問として，MT社さんのことは何でもお見通しですよ。

遠藤さん　心強いです。実は，取引先と揉めており，契約解消も視野に入れた検討を社内で行っています。私も，古門先生に先日教わった契約関係の解消に向けた基本をもとにあれこれ考えているのですが，いざ案件を目の前にすると進め方が悩ましくて。

古門先生　なるほど。今回取引相手と揉めているのはどのような契約ですか。

遠藤さん　売買契約です。当社の事業に必要な部品を製造するための機械を取引先から購入したのですが，どうもその機械に不具合があるようで，取引先との売買契約を解消したいと考えています。

古門先生　なるほど。売買の目的物に不具合があるということですね。いわゆる契約不適合責任がポイントになりそうです。それでは，詳しいお話をお聞かせ願えますか。

【事例】

国内製造業のメーカーのMT社は，機械部品（部品B）の製造に必要な機械Aを国内取引先である株式会社Defective Products（以下「DP社」という）から1億円で2021年12月1日に購入した（以下「本件売買契約」という）。

MT社は代金支払時期（2022年1月31日）にDP社に売買代金1億円を支払い，DP社は，機械Aを，納期（2022年1月31日）にMT社の工場に納品した。しかし，その後，2022年2月5日に機械Aが部品Bを製造するために必要な性能を欠いていることが発覚した。具体的には，機械Aは1時間に部品Bを100個製造できることが契約書に記載されていたが，せいぜい50個しか製造できないというものであった。また，機械Aは稼働中に頻繁にエラーを起こし，自動的に停止してしまうという症状も見受けられた。そこで，MT社は，2022年2月7日にDP社へ依頼し，MT社の工場において2月7日から1週間かけて，DP社による大規模な修補が行われた。しかし，機械Aの性能が改善することはなく，依然として1時間当たり部品Bを50個製造するだけの性能しかなかった。

しかしながら，DP社は，上記修補はMT社・DP社間の本件売買契約におけるDP社の義務ではないと主張して，2022年3月1日にDP社が修補に要した費用として2,000万円をMT社に請求してきた。MT社の事業部は，このDP社からの支払請求に応じるつもりはなく，むしろこのような粗悪な製品を販売したDP社との契約を解消した上で，売買代金1億円の全額を返還してもらいたいと思っている。

このような状況で，2022年3月3日，MT社の事業部から法務部に本件に関する打ち合わせの依頼が来た。MT社の法務部としては，本件を適切な解決に導くためにどのような対応をとるべきか。

【時系列表】

日時	出来事
2021年12月1日	MT社，機械Aについて DP社と本件売買契約を締結
2022年1月31日	MT社，DP社に売買代金1億円を支払う
同日	DP社，MT社に機械Aを納品
2022年2月5日	MT社，機械Aが部品Bを製造する必要な性能を欠いていること

	を発見
2022年2月7日	MT社，DP社に修補依頼。DP社，同日より1週間かけて修補
2022年3月1日	DP社，MT社に修補代金として2,000万円請求
2022年3月3日	MT社の事業部，法務部に相談

【取引関係図】

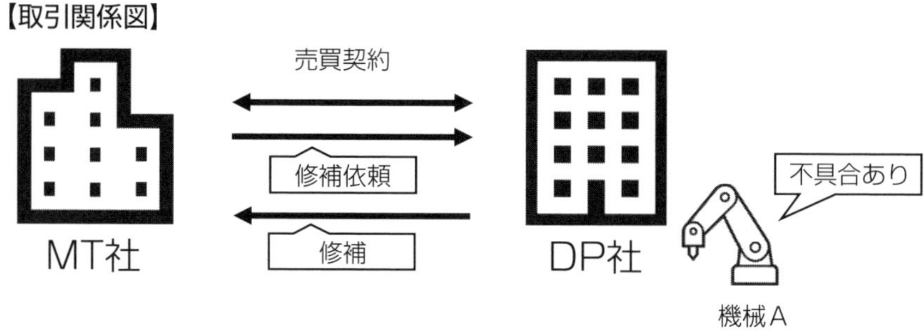

1．はじめに

本件は，売買契約において，目的物の品質・性能について紛争が生じ，契約の解消が問題となるケースである。契約に関する紛争としては比較的シンプルな問題ではあるが，目的物について契約上どのような品質・性能を合意していたか，実際に納品された目的物は当該合意の水準を下回るか，それらをどのようにして立証するか，といったことが問題になり，判断が難しいことも多い。また，契約不適合責任が問題になる場合には，契約の解消以外にも，修補請求や損害賠償請求などの検討が必要になる場合もある。

また，事業部から契約に関する紛争の相談が持ち込まれた際には，法務部としては，法的にとり得る整理，当該手段を基礎づける事実の立証可能性の検討，対応方針ごとのメリット・デメリットの整理など，法務部が果たすべき役割は多い。

そこで，本ケースでは，売買契約の契約不適合責任に関する問題を解説するとともに，紛争解決において法務部として果たすべき役割にも言及する。

2．主な法的論点の整理

本件では，DP社が納品した機械AはMT社の想定する性能よりも劣っていたということなので，機械AがMT社・DP社間の本件売買契約において合意した水準に適合していないことに関するDP社の責任（契約不適合責任）をMT社が追及できるかが主な問題となる。

以下では，民法・商法における契約不適合責任についての一般的な考え方についての解説を行った上で，本件の対応を考える上で問題となり得る点を解説する。

⑴ 契約の法的性質

ここまで，問題となる契約が売買契約であることを前提に話を進めてきたが，相手との法律問題を解決する前提として，まずは両者間の契約の法的性質（種類や類型）を考える必要がある。なぜなら，契約の法的性質によって適用される民法・商法等の規律が異なり，相手に追及し得る請求の内容や請求するための要件が異なってくることがあり得るからである。そして，対象となる契約の種類や類型を判断するにあたっては，「売買契約」といった契約のタイトルではなく，契約書の中身を踏まえて実質的に判断することになる。

今回のケースのように大型の機械などやや特殊なものが目的物になる場合には，売買契約の他に，請負契約または製作物供給契約に該当する可能性がある。そのため，まずは売買契約・請負契約・製作物供給契約のうち，どれに該当するのかを検討する必要がある。

まず，売買契約とは，財産権を移転し，それに対し代金を支払うことについての合意により成立する契約である（民法555条）。

これに対し，請負契約とは，請負人がある仕事の完成を約し，注文者がその仕事の結果に対して報酬を支払うことを内容とする契約である（民法632条）。

両者の違いとして，売買契約が目的物の所有権の移転に主眼を置いた契約であるのに対し，請負契約は仕事の完成に主眼を置いた契約である。

さらに，民法上は規定されていないものの，請負と売買の両方の性質（中間的な性質）を備えた契約も存在する。「製作物供給契約」と呼ばれる契約である。製作物供給契約は，文字どおり，目的物を「製作」した上でこれを「供給」するものであり，「製作」の部分は請負契約的，「供給」の部分は売買契約的な性質を有する契約である。したがって，一般的には，製作の部分についてはは民法の請負契約の規定が適用され，「供給」の部分には売買契約の規定が適用されると解されている。例えば，製作の過程に問題があった場合には請負契約の契約不適合責任に関する規定が適用され，納品とそれに対応する代金の支払については売買契約の規定が適用される，といった形である。

	名　称	内容（契約の本旨）
1	売買契約	売主が目的物の財産権を移転し，買主がそれに対し代金を支払う。
2	請負契約	請負人がある仕事の完成を約し，注文者がその仕事の結果に対して報酬を支払う。
3	製作物供給契約	製作者が注文者の注文に対して，自社の材料で製作した物を供給し，注文者がこれに対して報酬を支払う（請負と売買の性質を含む混合契約）。

本件でこれらの契約類型のどれに該当するかは，目的物である機械Aの性質によるであろう。機械Aが，もともとある程度規格や仕様などが決まっているものであれば売買契約と評価されやすい。他方，MT社独自の仕様に基づいて製作される物であったり，ある程度のカスタマイズが予定されているような場合には，請負契約や製作物供給契約であると評価されやすい。

契約の目的物に「種類，品質又は数量に関して契約の内容に適合しないもの」（以下「契約不適合」という）があった場合に，売買契約の買主または請負契約の注文者として，相手に契約不適合責任を追及することを検討することになるが，令和２年の改正民法下では，請負人の契約不適合責任は，売主の契約不適合責任と一部を除き実質的に揃えられた。そのため，本件では，事例の単純化の観点から，機械Aは基本的にある程度定型的な仕様のものであり，売買契約であるという前提で以降の解説を行う。

⑵ 法律（民法・商法）の決まり

売買契約に該当する場合，企業間の契約には，民法に加えて，商法が適用されるため，本件では民法と商法についても適宜解説を行う。民法は，民事上取引の原則的なルールを定めたものであり，広く適用される。商法は，会社を含めた商人間の取引についてのルールを定めたものであり，会社が主体となるような取引について適用される。商法は，民法の特別法に当たるため，両者が異なる内容を定めている場合には商法の内容が優先する。

ここで，民法や商法といった法律と当事者の契約の関係について簡潔に補足する。民法や商法といった法律は当事者の取引のルールを決めるものであるが，当事者はこれらの法律の内容と異なる内容のルールを自分たちで合意することが可能である。そして，民法や商法の一部のルールを除いて，自分たちで合意した内容（契約の内容）が民法や商法の定めに優先する。そのため，相手との取引の条件やルールを確認するにあたっては，民法や商法の内容よりも，原則としてそれらに優先するとされる契約の内容を確認することが大切である。もっとも，契約に定められていない内容は民法や商法がカバーすることになっているため，民法や商法のルールを把握しておくことが必須である。そこで，以下では民法と商法の関連する規定の説明を行い，次いで⑶において本件の契約内容の検討を行う。

ア　追完請求・代金減額請求

売買契約の目的物に「種類，品質又は数量に関して契約の内容に適合しないもの」（以下「契約不適合」という）があった場合には，売主は買主に対して契約不適合責任を負う（民法562条１項)。ここでいう「契約の内容」は，契約書の記載のみならず，契約の性質，目的，締結に至る経緯その他の契約をめぐる一切の事情に基づき，取引通念を考慮して判断される。そのように判断される「契約の内容」にそぐわない（適合しない）欠陥や不具合があった場合に，売主は責任を負うということである。責任追及できる内容として，買主は，売主に対し，目的物の修補，代替物の引渡しまたは不足分の引渡しによる履行の追完を請求することができる（民法562条１項）。この追完請求権として，目的物の修補，代替物ないし不足分の引渡しのいずれを求めるかについては，民法上，一次的には買主が選択できるが，買主に不相当な負担を課するものではないときは，売主は，買主の選択とは異なる方法で，履行の追完ができる（民法562条１項ただし書）。また，買主は，履行の追完を催告したにもかかわらず，売主から履行の追完がないとき等の一定の場合には，問題となる契約不適合の程度に応じた代金減額請求ができる（民法563条１項，２項）。

イ　解　除

買主と売主の間で契約がひとたび効力を発生すると，その契約が終了しない限り，当事者は契約に定められた義務に法的に拘束される。ただし，一定の場合には，売買契約締結後，当事者の一方の意思表示によって，その売買契約の効力が最初から存在しなかったのと同じ状態にすることが認められており，これを売買契約の「解除」という。民法においては解除できるための要件の定めがあり，債務の全部の履行が不能であるとき等は無催告で解除が可能である（民法542条１項）。また，相手が債務不履行をした場合，催告をした上で，それでも相手が対応をしなければ解除ができる（民法541条）とされている。そして，解除を行うにあたっては，相手の責めに帰すべき事由は必要ない。

ウ　損害賠償

契約上の義務に違反して，権利者に損害を負わせたときは，義務違反者がその損害を負担することになる。これが損害賠償である。債務不履行に基づく損害賠償一般について民法が要件を定めており，「債務者がその債務の本旨に従った履行をしないとき又は債務の履行が不能であるときに，それが債務者の責めに帰することができない事由によるものでなければ，損害賠償請求ができる」とされている（民法415条）。

売買契約においては，買主は契約不適合責任に基づいて損害賠償請求を行うことができるが[1]，履行の追完請求・代金減額請求・解除の場合と異なり，請求が認められるためには，売主の責めに帰すべき事由が必要である。

エ　期間制限

民法では，契約不適合責任に基づく権利行使は，買主が不適合を知ったときから１年以内に売主に不適合の事実を通知しなければできなくなると定められている（民法566条）。

また，上記**ア**で説明したとおり，商法は民法に優先するところ，上記の期間制限に加えて，商人間の売買においては，商法526条が適用される結果，買主が検査義務，通知義務を怠ると契約不適合責任を追及できなくなる。具体的には，買主は，目的物の現物の納品を受け検査し得る状態になったときは，遅滞なく検査しなければならず（検査義務），契約不適合を発見したときは，直ちに売主に対してその旨の通知を発する必要がある（通知義務）が，これを怠った場合には，買主は契約不適合責任を追及できなくなる。なお，契約不適合を直ちに発見することができない場合には，買主は６カ月以内に契約不適合を発見し買主に通知すればよいが，それを徒過した場合には，やはり契約不適合責任を追及できなくなる[2]。

1　契約不適合責任に基づく損害賠償請求の範囲には，履行利益も含まれるとされている。履行利益とは，債務が履行されていれば債権者が得られたであろう利益のことをいい，逸失利益（得べかりし利益）等を含む。例えば，機械を転売目的で購入したところ，売主の過失で毀損してしまったために買主が転売できなかった場合は，転売利益が履行利益に含まれると考えられる。他方で，信頼利益とは，契約不適合を知らなかったことによって買主が被った費用のことをいい，例えば，購入に先立つ費用（購入代金の借入れをしていた場合の利息等）が含まれると考えられる。もっとも，履行利益と信頼利益の定義は一義的ではなく，個別事例における具体的判断も困難なところがある。令和２年の民法改正の前は，契約不適合責任は瑕疵担保責任として規定されており，瑕疵担保責任に基づく損害賠償の範囲は，信頼利益に限ると一般的に考えられていた。

2　本契約の性質が，売買ではなく，請負契約に該当する場合には，商人間の「売買」に適用される商法526条は適用されないと考えられている。そのため，請負人の担保期間について定めた民法637条１項が適用され，注文者はその不適合を知った時から１年以内に契約不適合について請負人に通知しなければ，契約不適合を理由として，履行の追完の請求，報酬の減額の請求，損害賠償の請求および契約の解除をすることができない。また，

(3) 本件売買契約の検討

MT社とDP社の間の法律関係については上記(1)のとおり，民法・商法の規定を前提に検討する必要があるが，これらに加え，当事者間の契約の関係する条項を確認する必要がある。なぜならば上記(2)で説明したとおり，民法や商法の一部のルールを除いて，当事者の契約の内容が民法や商法の定めに優先するため，契約の内容こそが非常に大切になってくるからである（もっとも，契約に定められていない内容は民法や商法がカバーされることにも留意が必要である）。本件では，MT社とDP社の契約に，以下のような規定があったとする。

第７条（商品の納品・検査・検収）

1．本契約に基づく本商品の納品は，個別契約に従うものとする。MT社は，当該商品の受領から５営業日以内に，MT社とDP社で別途協議した検査方法により，商品の数量及び内容の検査を行うものとし，合格したものに限り検収する。本商品のうち，当該検査に不合格となったものについては，検査の日から10営業日以内に，不合格となった具体的な理由を示して，DP社に通知するものとする。

2．前項の通知を受けたときは，DP社は，MT社の選択により，修理，部品の交換，代品交換又は納品価格での買戻し処理を行うものとする。ただし，不合格となった理由がMT社の帰責事由による場合にはこの限りではない。

3．MT社が第１項の通知を行わなかったときは，当該商品は，MT社の検査に合格したものとみなされるものとする。

第８条（契約不適合責任）

DP社は，本商品につき，直ちに発見できない契約不適合があり，

製作物供給契約については，商法526条が適用されるかどうかについては，「本件の如き製作物供給契約についても商法五二六条の適用があるものと解すべきである」と述べた裁判例がある（東京地判昭和52年４月22日判時863号100頁）。

MT社がDP社に対してこれにつき納品後６ヶ月以内に申し出をした場合は，修理，部品の交換，代品交換に応じるものとする。ただし，当該契約不適合がMT社の帰責事由による場合にはこの限りではない。

第９条（仕様）

「本商品は，１時間当たり部品B 100個の製造能力を有するものとする。…（後略）」

⑷ 契約不適合責任についての検討

契約書９条（仕様）の「100個の製造能力」という記載をみれば，本件では機械Aは１時間当たり50個しか部品Bが製造できていなかったのであるから，必要な製造能力を有しておらず，契約不適合に該当することをMT社が立証することは，一見して容易とも思える。

しかし，DP社からは，契約不適合に該当するかどうかをめぐっても様々な反論が考えられるため，事前に反論を想定した検討を行うべきである。例えば，契約不適合責任が問題となる事案では，以下のような点がしばしば争点となる。

ア 合意した性能についての争点

まず，製造能力といった目的物の性能については，使用する環境，原料，連続稼働時間など，様々な前提条件があることが多い（どのような条件下でも一定の製造能力を有する機械はあまり想定できない)。したがって，DP社からは，「仮にMT社の仕様により部品Bが50個しか製造できなかったとしても，それはMT社による使用が前提条件を満たしていないからである」といった反論がなされることが考えられる。

イ 仕様の詳細についての争点

アで述べた前提条件や目的物の詳細な性能・仕様などは，契約書に定められていなかったり，あるいはごく抽象的にしか記載されていない，ということが多い。そのような場合，契約書以外に，目的物の性能や仕様についてより詳細に記載した資料（提案書，見積書，仕様書，議事録等）や担当者間のメール等により，性能・品質についての「契約」を認定し，それを前提に契約不適合責任を主張すべき場合も多い。したがって，契約書以外に目的物の性能・仕様について参考になる資料の有無を確認し，収集することが重要になり得る。

ウ　自社の落ち度はないか

契約不適合責任に基づく，履行追完請求，代金減額請求，解除はいずれも買主に帰責事由がある契約不適合の場合には認められていない（損害賠償請求については，債権者側の落ち度は，過失相殺事由として考慮され得る）。したがって，MT社としては，自社の帰責事由ともとられる落ち度をDP社に主張される可能性がないかを検討しておく必要がある。例えば，MT社の指示で機械Aに若干のカスタマイズを行ったが，当該カスタマイズが原因で機械Aの性能が落ちてしまったような場合には，MT社の帰責事由が問題になり得る。

エ　検収が完了していないか

商人間の売買においては商法が適用されるため，上記(2)**エ**のとおり，買主による機械Aの検収が完了してしまっていた場合，契約不適合責任を追及するためには機械Aの不具合が「直ちに発見できない契約不適合」である場合に限定されてしまう。そのため，買主として契約不適合責任を追及できる余地を限定されてしまわないよう，検収が完了したと評価される行為をしていないかを確認する必要がある。

本件では，契約７条１項において，「本商品のうち，当該検査に不合格となったものについては，検査の日から10営業日以内に，不合格となった具体的な理由を示して，DP社に通知するものとする。」とあり，同条３項で，「MT社が第１項の通知を行わなかったときは，当該商品は，MT社の検査に合格したものとみなされるものとする。」とあるため，MT社の事業部が検査の日から10営業日以内にDP社に通知を適切に出しているかどうかも確認しておくことが求められる。

(5)　立証可能性の検討

契約解消等の場面の紛争では，任意の交渉で解決しない場合には，訴訟に発展する可能性がある。したがって，検討にあたっては，訴訟になった場合に自社の主張が認められるかを検討し，その検討を踏まえて交渉のスタンス等の対応方針を決める必要がある。

訴訟において自社の主張が認められるか，という観点では，立証の可否の検討が重要になる。

本事例のような事案では，訴訟において契約不適合を立証するのは思った以上に難しいことが多い。

例えば，本事例で取り上げた「機械Aの製造能力が1時間当たり50個しかなかったこと」という不具合の部分は，どのように立証することが考えられるであろうか。

まずは，実際に機械Aを稼働させた時のMT社内のやりとりや，不具合の指摘をDP社に対して行った際のメールでのやりとりなどが証拠として考えられる。

このメール等にあまり有力な証拠がない場合には，過去に実際に機械Aを稼働させた際の写真・動画を証拠として提出することが考えられる。しかし，通常は，稼働の断片的な動画や写真しか残っていないことが多く，1時間通して稼働させている様子や不具合が生じた様子を詳細に記録したものが残っていることは少ない。そのような断片的な記録に対しては，たまたま調子の悪いところのみを恣意的に切り取っている等の反論を受けかねない。

したがって，DP社が，納品された機械Aの実際の性能を正面から争ってきた場合には，機械Aの不具合について立証責任のあるMT社としては，不具合のある機械Aをもう一度稼働させてみて，製造能力が不十分であることを検証して，動画等で証拠提出する，といったことも検討しなければならない（なお，その場合には適切な条件で稼働させているか，といった点もあわせて立証する必要があり得る）。この機械Aの検証自体がかなり大規模な作業になり，時間と費用を要する可能性があることには留意が必要である。

以上のとおり，契約不適合責任の立証は，納品物の実際の性能の程度を立証することが容易でないこともあるので，事案の処理方針を決める上では，「機械Aの性能をどのように立証するか，そのための証拠はどの程度揃っているか」という観点も重要になる。なお，DP社との間で事実関係に争いがなければこういった立証の必要性は低下するので，前提として，DP社との間で主張する事実関係に具体的にどのような齟齬があるのかを確認する必要がある。

3．社内打ち合わせ

(1) 事実関係，資料等の確認

ア　事実関係の確認

法務担当者が事業部と打ち合わせる場合には，本件事案の経緯の他に，法務部内での事前検討事項を踏まえ，次のような事実関係を事業部に確認しておくべきである。

① DP社はどのような主張をしているのか。また，MT社としてはすでに何かしらの反論をしているのか。

相手の主張の内容次第で自社の戦略も変わってくるところ，一般的に想定される争点は予測しつつも，相手の具体的な要求の内容とその根拠を確認するべきである。また，訴訟になった場合には訴訟前の交渉経緯も証拠資料として提出される可能性があるため，自社事業部がどのようなやりとりをしてきたのかは，自社に有利不利を問わず，すべて共有してもらうことが必要である。

② 機械Aには使用環境などの制約はあるのか。

③ 機械Aの操作は難しいのか。操作方法によって性能に差が出るのか。

契約不適合をMT社が主張する上で，DP社の反論としては，MT社による使用環境や使用方法が適切でなかった，という反論を受ける可能性がある。そのような事態に備えて，あらかじめ自社による機械Aの実際の使用環境や使用方法に関する事実を確認する。

④ 機械Aの詳細な仕様はいつ，誰と誰の間で，どのようにして確定されたのか。

⑤ 仕様の変更はあったか。

契約不適合を自社が主張する上で，ついつい不具合のほうに関心がいきがちであるが，そもそも適合するべき契約の内容（≒仕様の内容）は何か，ということの主張・立証が非常に大切になる。そこで，仕様はどのように正式に確定されたか，変更されたかについては確認するべきであろう。

⑥　納品時に検査は行ったか，検収は完了しているか。

上記２⑵エのとおり，検査をした時点で発覚していた不適合については検査直後に通知しなければ契約不適合責任を追及する権利が制限される可能性がある。また，検収を完了しているような場合には，「直ちに発見できない」契約不適合に対象が限定されてしまう。そこで，検査・検収が行われたかを記録に基づいて正確に確認することが求められる。なお，事案によっては，そもそも検査や検収の方法も詳細には決めていないという場合もある点に留意されたい[3]。

イ　資料の確認

また，契約不適合について自社の主張・立証方針を検討する上で，次のような資料がないか，確認することが望ましい。その際には，自社に有利なものにとどまらず，不利なものも事業部に共有してもらい，また，そうした資料を相手がどこまで保有しているかという点も含めて確認するようにしたい（相手が保有している資料がわかれば，相手が主張してくる内容についての予測がつきやすくなる）。

①　仕様書
②　契約前のDP社の営業担当者とのやりとり
③　性能についてのメール等のやりとり，議事録
④　不具合が判明した後のやりとり，話し合いの記録

なお，本件のように，契約締結から納品，そしてその後の紛争といった，ある程度長期間に及び様々な出来事が起きている場合には，時系列表を作成して

3　検査を省略したり，検査を売主に依頼したりする場合もあるが，売主が下請事業者に該当する場合に検査を省略すると，納入された商品がすべて合格とみなされることなど，下請法における帰結に留意が必要である（阿部・井窪・片山法律事務所編『契約書作成の実務と書式〔第２版〕』（商事法務，2019年）48頁。

事実関係を整理しておくと事業部との間，法務部内，外部弁護士との間で各人の認識の齟齬なく情報共有ができるため，有用である。

また，事案の関係者が複数いる場合には，簡単な関係図を作成することも事案の把握をわかりやすくする。

日　付	出　来　事	コメント	資　料	…
2021/10/15	仕様についてDP社から確認依頼	仕様書	①仕様書_1015.pptx	
…				
2021/12/01	契約締結	仕様につき「100個の製造能力」との記載あり	⑤契約書	
…				

⑵　何を請求するか

ア　法的観点からの検討

事案の事実関係や主張・立証に使えそうな資料の確認がある程度済んだら，何を請求するかということを社内的に決定する必要がある。法務部としては，法的観点から何ができるかを検討しつつ，事業部によるビジネス判断も踏まえ，会社としての方針を事業部と決めることになる。法的観点からの検討は，一般的に金銭を請求するにはどうするか，また，モノについてどうしたいか，という観点で法律構成を組み立てるとよい。本件では，以下のような構成が考えられる。

(ア) 解　除

- DP社に支払った売買代金1億円の返還を求める。
- DP社負担で機械Aを引き取るよう求める。

(イ) 損害賠償請求

- 機械Aにより予定していた部品Bが十分に製造できず，部品Bを利用した製品の生産が止まったことによる損害（取引先から債務不履行責任を追及された場合の損害，部品Bを販売して上げることができたであろう利益（逸失利益）の損害等）の賠償を求める。
- 機械Aを自社の工場に置いておくことから生じる損害（維持費，場所代，スペースを利用して他の作業をすることで上げることができた逸失利益等）の賠償を求める。
- 性能不足の原因特定や修補対応に必要となった工数・人件費相当分を求める。

(ウ) 修補請求

- 解除を求めない場合にはさらなる修補を請求
- DP社が修補に応じない場合には，他の会社に修補を依頼し，修補に要した費用を請求する。

(エ) DP社がすでに行った修補の費用請求についての対応

- MT社としては，納品された機械Aに契約不適合があったため，その責任に基づいてDP社は修補作業を行ったわけであり，それはDP社が契約不適合責任を負担したことによる結果であり，MT社が修補作業の対価を負担する理由はないと反論をすることが考えられる。

イ　事業部に対するヒアリング

上記アのとおり相手に請求できる内容を法的観点で整理した上で，その内容を事業部に説明しつつ，事案の進め方についての事業部の意向をヒアリングすることも大切である。当然，事案の背景，事業内容，取引先との関係，目的物の重要性，損害の内容等は法務部よりも事業部のほうがよくわかっている可能性が高いこともあるので，必要な要素を考慮に入れた上で事業部が判断できるような打ち合わせにするべきである。

事業部においてどの選択をするべきかという意向が十分に定まっていないことも多いため，その事案において法的にとり得る手段について，それぞれのメリット・デメリットを整理した上で説明することが望ましい。

例えば，今回の事例では，以下のような事項をヒアリングすることが考えられよう。

(ア) 解除請求を検討するにあたってのヒアリング事項の例

契約を解除するかどうかが大きな選択の１つであるところ，解除をすると機械Aの所有権をDP社に戻すことになるため，このような事実確認が必須である。

① 機械Aは今後も使用に耐える程度の品質のものか。

② 機械Aは，現状では使用に耐えないとしても，改修すれば使用に耐えることが見込めるか（DP社にこのような修補能力があるのか）。

③ そもそも事業部は，改修してまで機械Aを使いたいか。

④ 機械Aを返還した場合に，機械Aの代替品をMT社として別途入手できるか。

(イ) 損害賠償請求をするにあたってのヒアリング事項の例

MT社がDP社に損害賠償請求をする上で，実際に生じた損害の範囲を確認する上で以下のような事項をヒアリングするとよい。

① 部品Bが製造できなくなったことにより製品の製造に支障を来していないか。

② 取引先に対する納品が納期までにできなくなっていないか。

③ MT社の生産計画に遅れが生じていないか。

④ 機械Aの修補を他社に依頼した場合，どこに依頼し，その費用は誰が負担しているか。

⑤ 予定どおりに機械Aの修補がなされた場合，その修補期間（機械Aが使えない期間）はいつまでか。

⑥ 正常に稼働できない機械AをMT社の工場に置くことで管理費等の費用が発生しないか。

4．相手との交渉

(1) 交渉のアプローチ

社内で事実関係等を確認した後は，社内での方針を決めた上で相手にアプローチをしていくことになる。相手との交渉の場面では，事案の着地点を踏まえつつ，相手の契約違反の主張・立証の容易性，相手の反論，相手との関係等を考慮して，アプローチの内容やトーンを決めることになる。

アプローチとしては，①事業部同士で協議する，②法務も加わって協議する，③代理人を立てて協議する，といったものがあり得る。通常は①から始め，これがうまくいかない場合には相手方との意見の隔たりの程度，関係性，交渉の難易度などを考慮し，②か③に進むことが多いであろう。

(2) 社内方針の決定

事業部との協議を経て，社内の方針について，法務部ではDP社に対する契約不適合責任の追及について，以下のとおり判断した。

- 両者間の本件売買契約の前後のやりとりや関連する資料を総合すると，通常想定される環境下で機械Aが1時間当たり部品B100個の製造能力を有することが売買契約の内容になっていたと認定できる。
- MT社は，通常想定される環境下で稼働させており，その際に機械Aは上記性能を満たさなかったということをMT社としても手持ちの資料から立証できる見込みであるため，契約不適合があると認定される可能性が高い。
- ただし，契約締結前に，機械Aは最大の連続稼働時間は24時間であるとの説明を受けていたにもかかわらず，納入を受けて早々に連続で30時間稼働させていたことが判明した。この長時間の稼働の結果機械Aが適切に稼働しなかったと認定される可能性が否めないが，そこは判断が難しい。そのため，機械Aの契約不適合がMT社の帰責事由に基づくとしてDP社が契約不適合責任を負わないと認定される可能性が否定できない。

法務部は，上記の判断をもとに事業部と社内方針を協議し，以下のとおりDP社との交渉を進めることにした。

交渉は，得てして当初の要求よりも妥協した内容で合意する可能性があるので，①MT社としてDP社にできる限り要求し，合意したいラインの内容と，②MT社としてDP社に譲歩して合意してもよいラインの内容を決めることとし，まずは①をDP社に提示することとした。①のMT社としての要求は，以下の内容とした。

- MT社が契約不適合責任に基づいて本件売買契約を解除し，DP社に売買代金1億円の返還を求める。機械AはDP社に返還する。
- DP社がすでに行った機械Aの修補費用はDP社に負担を求める。
- 当該契約不適合に基づいてMT社に生じた損害についても，満額とまではいかないまでも，一定額の賠償を求める。具体的な金額は，相手の出方をみて提示する。

②の内容としては，上記の請求のうち，損害賠償の請求については断念する形でも合意する，という方針とした。②の方針を決めるにあたっては，法務としては，交渉により紛争が解決せずに訴訟が提起された場合の負担として，事業部に以下のような説明をした。

- 時間的な負担：一般的に，訴訟提起から第一審の判決までは，1年程度は要する。その間権利義務が不確定な状況に置かれることに加え，本件では解決までの間機械Aを保管しておく必要があることも大きなデメリットである。
- 金銭的な負担：訴訟には弁護士費用がかかる。一般的に，訴額が1億円の場合には着手金で300万～400万円程度，勝訴した際には成功報酬が700万～800万円程度かかる[4]。

4　案件の性質にもよるが，大まかな費用の算定には（旧）日本弁護士連合会報酬等基準が参考になろう。

- 人的な負担：３カ月に１回程度書面を提出する必要があり，そのための事実関係の確認に協力してもらう必要がある（相手が提出する書面の内容確認も必要である）。また，場合によっては証人尋問への協力が必要になる場合もある。

(3) DP社からの反応

上記(2)の①に基づく請求をMT社がDP社に対して行ったところ，DP社から以下の反応があった。

- 本件において，たしかに自分たちにも非があったかもしれないが，DP社としては機械Aの性能に不具合があるとは必ずしも考えていない。仮に機械Aの性能に不具合があるとするならば，MT社がDP社の指示を聞かず，長時間連続で稼働をさせたことで機械Aへの負荷が大きくなったことによるものである。
- こうした事情を踏まえると，MT社の要求のうち，損害賠償までDP社で負担するという要求には応じる余地はない。DP社としては，あくまで機械Aを修補するという対応が望ましいが，本件売買契約を解除し，機械Aと売買代金１億円をそれぞれ返還する和解案も検討できなくはない。

(4) DP社の反応を受けたMT社での検討

上記(3)のとおり，MT社提示の案のうち損害賠償の請求については，DP社からは強い拒否反応が示された。そこで，MT社としてはさらなる交渉の余地がないかを社内で検討し，DP社に提案することとした。これまでのDP社による機械Aの修補の経緯などにかんがみるとMT社としてはDP社から満足な対応を受けていないため，今後も仮にDP社による追加の修補を受けた場合でもMT社が納得する性能の修補がなされる保証はない。また，この修補に要する期間も長期にわたる可能性があるため，MT社としては，DP社が希望する解決策であるDP社が機械Aを修補する案は避けたい。以上を踏まえると，すでに行われた修補代金をDP社が負担するのであれば，MT社としては，これから本件売買契約を解除することで売買代金の返還を受け，DP社に対する損害賠償請求は求めないという和解でまとめることは許容できる。上記損害賠償請求をしない案を提案することにしつつ，MT社としてそれ以上の譲歩はできないため，応じないのであればDP社を提訴することでも仕方ないとの方針にした。

このように方針を決定し，MT社はDP社に，損害賠償請求を除いた和解案を提示し，これ以上は譲歩できず訴訟も辞さない旨を伝えた（なお，訴訟になった場合には，MT社としては解除をした上での売買契約１億円の返還請求を行ったり，契約不適合責任に基づく損害賠償請求を行うことが考えられる）。

(5) 紛争解決のための合意

上記(4)のMT社の説明に対し，DP社はいったん持ち帰って検討することになった。そして，後日，DP社から上記MT社の方針で和解することに応じるとの回答が返ってきた。そこで，MT社としては，本件をまとめるための和解案を記載した合意書を作成することにした。

5．合意書作成のポイント

和解のための合意書を作成する目的は，双方が納得した和解条件を明確化すること，そして和解の合意をすることで紛争を解決し，後から蒸し返されることを防ぐことにある（民法696条）。そのため，合意書には，本件売買契約の目的物に契約不適合が存在したこと，その結果両者で紛争解決のために協議して合意した事項を定め，その上で，本件売買契約に関し，当事者が定めた事項以外については，双方とも一切の債権債務を負担しないことを確認する清算条項を盛り込むことが一般的である。

本件では，両者で協議して合意した事項は，DP社による売買代金１億円の返還とMT社による機械Aの返還である。ここでは，金銭を返還する日付・振込先や機械Aを引き取る日付・方法・費用負担などを具体的に定めることが望ましい。また，本件の紛争の存在自体とその協議内容について，当事者は秘密保持義務を相互に負担していないため，第三者に開示されることを防ぐために合意書に秘密保持条項を盛り込むことも考えるべきである。

以上を踏まえて，本件の合意書案を示すと以下のとおりである（なお，必要最低限の内容を記載した合意書案を作成しているが，事案の性質等に応じてより詳細な合意を行う必要がある点には留意されたい）。

合意書（案）

株式会社Much Trouble（以下「MT社」という。）及び株式会社Defective Products（以下「DP社」という。）は，別紙（略）記載の機械（以下「機械A」という。）についてMT社とDP社との間で締結した2021年12月１日付「売買契約」（以下「本件売買契約」という。）について，以下のとおり合意する。

1　MT社及びDP社は，本件売買契約に基づいてDP社からMT社に譲渡された機械Aの品質及び性能について本件売買契約の内容に適合しないものが含まれていること（以下「本件不適合」という。）を確認する。

2　MT社及びDP社は，2022年５月31日をもって，本件売買契約を解除することを合意する。

3　DP社はMT社に対して，本件売買契約の売買代金である金１億円をMT社に対して返還する。

4　DP社は，MT社に対し，前条に定める金員を本合意成立日の属する月の翌月末日限り，MT社の別途指定する銀行預金口座に一括して振り込む方法で支払う。なお，振込手数料はDP社の負担とする。

5　MT社は，DP社に対し，本件売買契約の目的物である機械AをMT社及びDP社が別途協議して定める2022年６月末日までの日付において，本合意書締結日における本件不適合が存在する現状有姿の状態で引き渡す。引渡しは，機械Aが保管されているMT社の工場内において行うものとし，当該工場内からの搬出及び運搬等の引き取りに要する費用はDP社が負担する。2022年６月末日までにDP社が機械Aを引き取らない場合には，DP社は機械Aの所有権を放棄したものとみなし，MT社は機械Aを自由に処分し，処分に要した費用をDP社に請求することができる。

6　MT社及びDP社は，本件の経緯（交渉過程を含む。）並びに本合意の成立及び内容を，正当な理由なく，第三者（MT社及びDP社の役員及び従業員を除く。）に開示しない。ただし，既に本件の事情を知っている第三者に対しては，「円満に解決した」旨のみを説明することができるものとする。

7　MT社及びDP社は，両者間には，本件売買契約に関して，本合意に定めるもののほかに何らの債権債務がないことを相互に確認する。疑義を避けるために付言すると，DP社が2022年２月７日から同月13日にかけて行った機械Aの本件不適合の修補作業のために要した費用は，DP社がその全額を負担し，MT社に請求しない。

8　本件に要した費用は各自の負担とする。

6．合意の方法

最後に，合意の方法についても少し触れておきたい。契約の相手方が信頼のおける企業であり，合意内容の任意での履行が望める場合には，単に書面で合意をすることで足りるが，相手方の性質や交渉の経緯等に照らし，任意での履行がなされるか疑義が残るような場合には，公正証書により合意をしておくことも検討すべきである。公正証書で合意をすれば，当該公正証書が債務名義になる，つまり不履行があった時に訴訟を提起して判決を取得しなくとも強制執行をなし得ることになるからである。なお，相手方が合意内容を履行しない可能性がある場合には，遅延損害金を定めるなど，不履行時のペナルティについても検討をするべきであろう。

第2　継続的契約

遠藤さん　古門先生，先日は，売買契約の解消についてご助言をありがとうございました。

古門先生　ご丁寧にありがとうございます。遠藤さんも，「契約の解消のトラブルならドンと来い！」ですね。

遠藤さん　それがそうでもなくて。実は，別件で契約の解消について頭を悩ませています。

古門先生　そうでしたか。今回取引相手と揉めているのはどのような契約ですか。

遠藤さん　前回に引き続き，売買契約です。当社は，取引基本契約を締結した取引先から20年近く部品を購入してきたのですが，別の取引先候補の会社から部品を購入する方向で切り替えることを検討しています。その場合，従来の取引先との契約を解消させる見込みです。

古門先生　なるほど。1回きりの契約ではなくて，長年続けてきた取引契約の解消でお悩みということですね。

遠藤さん　そうなんです。私が少し調べたところによれば，継続的契約を解消する場合には，契約の記載どおりに契約を終了しようとしても制約を受ける可能性があるらしく，そのあたりの留意点も教えていただきたいです。

古門先生　わかりました。それでは，詳しいお話をお聞かせ願えますか。

【事例】

国内機械メーカーのMT社は，販売する製品の製造に必要な部品Aについて，国内部品メーカー株式会社Long Relation（以下「LR社」という）と2000年4

月１日に取引基本契約を締結し，毎月約１億円分（部品A1,000個相当）を発注してきた。

この取引基本契約には，以下の条項が含まれていた。

条項１：MT社は，毎月部品Aを少なくとも500個，LR社から購入するものとし，LR社はこれに応じるものとする。

条項２：取引基本契約の有効期間は２年間とし，契約終了の３カ月前までに契約当事者から更新拒絶の通知がなされない限りは，同一の条件で２年間契約が更新されるものとし，以降も同様とする。

LR社におけるMT社への平均売上高は，LR社全体の約20%を占めていた。LR社は，毎年１回程度，部品Aの納品が遅れることがあったが，両社の社長同士が懇意にしていることもあり，MT社はLR社に対して，是正を強く求めることはしてこなかった。ただ，2016年３月に，LR社による部品A1,000個（代金１億円）の納品が２週間遅れたことが原因で，MT社による顧客への製品の納品が遅れたことがあったため，この際に一度だけMT社担当者は，LR社による履行遅滞の是正をメールで求めたことがあった。しかし，その後においても，LR社による納期遅れが完全に解消されることはなかった。

2020年半ばに，新型コロナウイルスによる感染症拡大の影響を受け，MT社の業績は次第に悪化し，コストカットを余儀なくされていた。2021年10月，MT社は，部品Aをより安価で製造することができる国内部品メーカーPotential Partner株式会社（以下「PP社」という）と商談を開始し，2022年４月以降，発注先をLR社からPP社に切り替える意向を固めた。

MT社の担当者は，MT社・LR社間の取引基本契約の条項２に基づき，契約更新の３カ月前に通知し，更新拒絶または中途解約の申入れをする必要があることに気づいた。

2021年12月１日にMT社の法務に相談があり，事業部としては，できるだけ早くLR社との契約を解消するための更新拒絶を行いたいので，至急文案を作成してほしいとのことであった。なお，PP社とはすでに契約を締結する前提で条件面の詰めに入っているとのことであった。

【時系列表】

日　時	出　来　事
2000年４月１日	MT社，部品AについてLR社と取引基本契約を締結（条項１で毎月最低500個購入義務あり）
2016年３月	MT社，LR社による納品の遅れに対し，履行遅滞是正をメールで要請
2020年半ば	MT社にて，業績悪化に伴うコスト削減の必要性あり
2021年10月	MT社，PP社との商談を開始し，2022年４月以降に発注をする意向
2021年12月１日	MT社の事業部から法務に本件に関する相談
2021年12月31日	MT社とLR社の取引基本契約の更新拒絶の通知期限

【取引関係図】

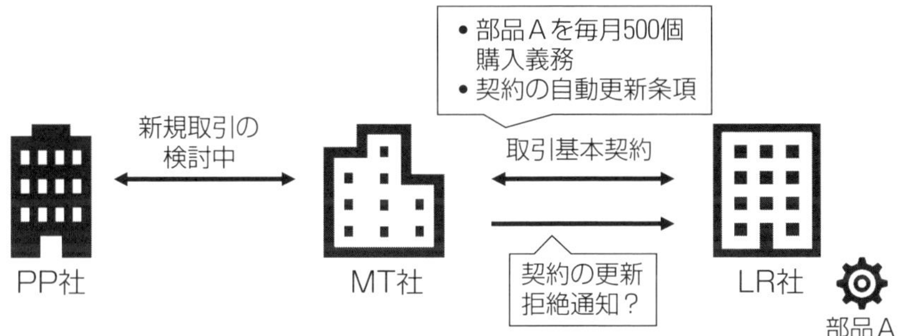

1．はじめに

本件では，継続的な契約の解消について検討する。本件のような継続的な契約においては，両当事者が，契約の継続を前提に資本の投下や事業の推進を行っていることが多い。例えば，本ケースのLR社は部品Aを製造するために資本を投下して大型機械を導入しているかもしれないし，MT社はLR社が部品Aを安定的に供給することを前提に，部品Aを使った商品を一定期間・一定数量販売する契約を締結しているかもしれない。

このような継続的契約の特殊性から，解釈上，一定の契約の拘束力が認められることがある。つまり，契約の文言上は契約の解消が可能であっても，解釈によってかかる契約の解消が認められない場合がある。

本ケースでは，このような継続的契約の解消の場面での留意点を，ケースを通じ，裁判例の傾向等も踏まえて解説する。

2. 法律関係の整理

(1) 継続的契約に関する前提知識

ア 継続的契約とは

継続的契約は，「継続的な取引の中でも，個別契約の反復を超えた包括的な契約と解し得るもの，一定期間にわたって契約関係が存続することが前提とされているもの」[1]，「時間の経過に伴って債権債務関係を発生させる契約」などと定義されている。このような定義に当てはまるような契約には，過去の裁判例等によると，契約には明示的には規定されていない一定の拘束力が認められている。契約解消にあたっては，単に契約書の文言を確認するだけでなく，かかる拘束力を踏まえて対応を検討する必要がある。

イ 継続的契約への該当性[2]

ある契約が継続的契約と評価されるか否かは，双方当事者の意思の内容によって判断される。そして，当事者の意思を推認させる要素として，以下のような事情が総合的に考慮される傾向にある[3]。なお，以下では継続的契約を解消する側の主体を「解消者」，その相手方を「被解消者」と呼ぶ。

---

1 加藤新太郎＝吉川昌寛編『裁判官が説く民事裁判実務の重要論点［継続的契約編］』（第一法規，2020年）4頁。

2 前掲注1）加藤＝吉川編15頁参照。

3 中田裕康『継続的売買の解消』（有斐閣，1994年）477～485頁。

① 明示の契約（包括的な継続的売買を規律する契約書の存在は継続的契約の成立を認める方向に作用する。「継続的売買契約」等と直接的に表示されている場合はもちろん，特約店・代理店契約等の表示も継続的売買を行う意思を認めやすい）
② 両当事者の属する取引社会における取引慣行や意識
③ 当事者の属性（社会的・経済的な格差），売主か買主か等の立場，義務（被供給者側の一定量購入義務，在庫保管義務等や供給者側の一定量の販売義務，割引価格での供給義務等の様々な負担があれば契約の拘束性が高まる），取引の継続を表明するような言動，（被解消者側の事情として）現実の負担，人的・物的な投資（汎用性の程度），当該契約への経営上の依存度，被解消者が使用していた名称・商標・権利等，内部で取引を継続する取扱いをしていたか，（解消者側の事情として）被解消者の事情への関与度（不知，認識，認容，推奨，要求等），内部で取引を継続する取扱いをしていたか，他の取引先との取引状況
④ 目的物の数量（最低取引数量等が決まっているか等），特定の要否（目的物の種類・品質が一定の場合，その点について個別合意は不要になる分，拘束性を認めやすくなる），性質（電気・ガス・水等の生活や事業遂行上の必需品は被供給者の保護の要請が高い。必需品ではないが入手困難なものは，買主からの信頼の尊重も考慮されるべきであるが，他方で売主が買手を自由に決する自由を多く有する側面もある）
⑤ 取引状況（取引開始に至る経緯・取引の目的，個々の取引態様，取引期間・実績（期間が長いこと，頻度が密なこと，取引量が多いことは密接な相互依存関係を生じさせ，それに対する信頼の保護が要求される方向に作用する。他方，被解消者の投資との関係で短期の場合には，投資回収機会を与えるべきであったと評価される要因となる），被解消者の貢献度）

これらの中でも，③で述べた要素は，当事者間の相互依存関係の大小を示すものであり，継続的契約の該当性の判断にあたって特に重要と考えられている。

本件の取引基本契約について検討すると，最低購入義務があること，契約に自動更新条項があり基本的に継続が予定されていること，および契約が20年を超えて継続しているという事実からすると，一定の拘束力を伴う継続的契約に

該当する可能性が高い（ただし，事例には現れていない要素として，例えば，両当事者の企業規模，部品Aを作成するためのLR社の設備投資の大小など，他に考慮すべき点も多い）。

ウ　継続的契約の解消の類型[4]

継続的契約が成立している場合には，契約継続のための拘束力が働き，契約解消しようとする行動に対し一定の制約がかかると解されることが多い。裁判例をみても，継続的契約の解消に一定の制約を認めたものが存在する。

具体的な拘束力の内容については，判断枠組みが明確に固まっているとは言い難いが，多くの裁判例の傾向を踏まえると，大まかには以下の枠組みに沿った判断がなされていることが多い。もちろん，契約解消に関する検討は個別の契約の内容・背景事情・取引経緯等といった具体的事案における諸般の事情に基づくため，あくまで傾向として整理されたものである点に留意されたい。

類　型	判断枠組み
①期間の定めのある継続的契約における期間満了前の中途解約	•解約権の留保特約がない場合には，やむを得ない理由がない限り中途解約は無効。 •解約権の留保特約がある場合には，原則として中途解約は有効。ただし，信義則違反・権利濫用に該当する場合は無効。
②期間の定めのある継続的契約における期間満了後の更新拒絶	•原則として更新拒絶は有効。ただし，信義則違反・権利濫用に該当する場合は無効。 •更新拒絶の事前予告特約（「いつまでに更新拒絶の意思が表示されない限り，同一条件で契約が更新されるものとする」といった内容の特約）が存在するにもかかわらず，その条件を満たさない場合，更新拒絶は無効。その場合でも，やむを得ない事由があるときには更新拒絶が有効とされる余地もある。
③期間の定めのない継続的契約の解約申入	•原則として効力発生まで相当な猶予期間を設定しての解約申入れである限り有効。

4　前掲注１）加藤＝吉川編61～109頁。

れ	• 例外として，①解約申入れ時に告知された効力発生までの猶予期間が不相当な場合は，客観的に相当な期間経過後に解約の効果が生じると解される。②まれであるが，解約申入れ自体が猶予期間以外の点で信義則違反・権利濫用として許されない場合もある。

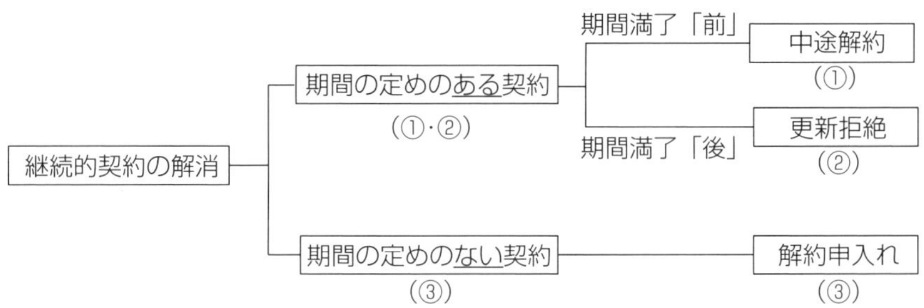

まず，対象となる契約が，期間の定めがある契約（①・②）の場合と期間の定めがない契約（③）の場合に分けられる。

期間の定めがある契約の場合（実務上，多くの契約は期間の定めがある）では，さらに，契約の期間満了前に契約を終わらせるパターン（中途解約＝①）と契約の期間の満了時に契約更新をせず終了させるパターン（更新拒絶＝②）がある。①中途解約の場合，解約権の留保特約がある場合（例えば，「契約期間中であっても３カ月以上前に書面により通知すれば契約当事者はいつでも契約を解約できる。」）には，文言どおり解釈すれば解約できるはずだが，信義則違反・権利濫用等を根拠に，中途解約が認められない場合がある。②更新拒絶の場合，契約の文言どおり解約すれば有効に更新を拒絶できることが原則であるが，信義則違反・権利濫用等を根拠として，更新拒絶が認められない場合がある。他方，「契約終了の１カ月前までに更新拒絶の意思が表示されない限り，同一条件で契約が更新されるものとする」といった条項（事前予告特約）があるにもかかわらず，この条件を満たさない場合には，文言どおり更新拒絶は無効となるのが原則であるが，やむを得ない事由があるときは有効と判断される余地もある。

③契約が期間の定めのない場合，解約を申し入れると，効力発生までに相当な猶予期間を設定している場合には有効とされる。なお，猶予期間が十分ではない場合であっても，解約の申入れが当然に無効とされるわけではなく，客観的に相当な期間の経過後に解約の効果が生じると解される余地もある。

エ　拘束力が生じるか否かの判断

どのような場合にこのような拘束力が生じるかは，個別の事案ごとに判断されるものであり一概にはいえないが，以下のような事情を考慮要素として挙げることができる[5]。

継続的契約の解消の場面では，上記の判断枠組みを踏まえ，解消のための法的構成と以下の考慮要素について検討し，契約解消行為が信義則違反や権利濫用とならないように留意する必要がある。

1　契約解消の必要性	被解消者に契約違反等があるか
	解消者側に解消を正当化する事由があるか
	関係継続のために努力をしたか
	外部環境の変化があるか
2　想定されている取引期間	契約条項はどうなっているか
	契約の運用はどうであったか
	実際の取引サイクルはどうか
	被解消者が長期間の取引継続を前提とする事業計画を立てていたか
3　被解消者への影響の度合い	どの程度の投資をしていたか
	どの程度の投資を回収したか
	過去の投資が無駄になるか

5　清水建成「企業間の継続的契約　解消の手順とトラブル防止」ビジネスロージャーナル2016年７月号34頁。

	その取引にどの程度依存しているか
	事業再構築のためにどの程度の投資が必要か
4　解約予告期間	どのくらい事前に通知したか
	どのような事前協議を行ったか
5　当事者の力関係の非対称性	事業規模に差異があるか
	市場における位置づけ
	どのような経緯で取引が開始されたか
	バーゲニングパワー（交渉力）はどうか
	それぞれがどのような役割を担っているか

オ　継続的契約に関する裁判例の紹介

継続的契約の解消がどのように制約されるかについては，上記**ウ**の枠組みや上記**エ**の考慮要素を踏まえつつ，実際の裁判例を確認するとイメージしやすい。ここでは，上記**ウ**の枠組みで説明した継続的契約の解消の３類型それぞれの裁判例を１つずつ紹介する[6]。

類　型	参考裁判例
①期間の定めのある継続的契約における期間満了前の中	東京地判平成18年11月16日平成17年(ワ)第7698号 化粧品を販売し，美容部員を被供給者の店舗に派遣する契約について，「30日前の予告をもって契約を中途解約できる」特約に基づいて供給者が解約を申し入れ，美容部員の派遣を停止したところ，被供給者が損害賠償を求めた事案。裁判所は，継続的契約においても中途解

6　前掲注１）加藤＝吉川編61～109頁参照。また，加藤新太郎編『判例Check 継続的契約の解除・解約〔改訂版〕』（新日本法規，2014年）33～222頁において，継続的売買契約の解消に関する多くの裁判例が解説されている。

なお，類型③で紹介する裁判例は，効力発生特約に従った解約申入れの事例であることから，判断枠組みの相当性に疑問があるが，他方，解約申入れをした側（被供給者）の先行行為による相手方（供給者）の信頼を保護すべき特段の事情があったということができるから，そのような事情の下になされた解約申入れは信義則違反であるということができ，結論自体は正当であると考えられる。

途解約	約条項の定めがある以上，正当事由がなくともこれに基づく中途解約は認められるが，信義則に反しまたは権利濫用に該当する場合には無効となるとした。その上で，予告期間を定めながら，解約告知の翌日には一切の化粧品の供給や美容部員の派遣を停止した供給者の行為は債務不履行であるが，財政悪化により組織体制の変更が余儀なくされている大きな事情の変更がある中では権利濫用とまではいえず，中途解約は有効であると判断した。
②期間の定めのある継続的契約における期間満了後の更新拒絶	東京地判平成９年３月５日判時1625号58頁 化粧品の売買契約について，一定期間継続して商品を供給し，被供給者に登録商標を使用させる契約で，自動更新条項（２年の期間満了後も異議がない限り存続）があり，契約締結時に双方とも長期の契約継続を考えていた等の事情から，被供給者による期間満了後の更新拒絶にはやむを得ない正当な理由が必要とされた。その上で，交渉過程で，供給者が被供給者に右翼との関係を示唆したり，マスコミに公開質問状を出す旨の発言をしたり，供給者の関与で右翼団体が街宣活動等の抗議を行ったり，また，契約締結１年後（初回更新前）には取引が実質的に停止し，その３カ月後には解約告知がされた等から，更新拒絶が有効と認められた。
③期間の定めのない継続的契約の解約申入れ	大阪地判平成17年９月16日判時1920号96頁 食品業者とファーストフード店の間の肉まん供給契約について被供給者からの解約申入れの有効性が争われた事案。裁判所は，資本投資が必要で継続を前提として締結された場合，契約解消に正当な事由が必要であるとした。本件では，肉まんの製造情報等が被供給者から供給者に開示され，月100万個の発注が約束されていたこと等から両者間で一定期間継続される前提であったと認定された。さらに，供給者が必要な品質の肉まんを製造できたのは，新工場での製造が必要になったこと等から契約締結後１年以上経過してのことであったが，この間，被供給者は催促せず，新工場での供給体制の報告を求める等，新工場での製造に承認を与えていたといえるため，肉まんの製造供給の遅滞は正当な事由に当たらず，解約は無効とされた。

⑵　本件の検討の方向性

期間の定めのある継続的契約における期間満了後の更新拒絶を行う場面（上記表中の②）では，これまでに述べた判断枠組みを前提とすると，契約の定めに従って更新拒絶を行えば，信義則違反・権利濫用に該当するような場合ではない限り，原則として更新拒絶は有効と考えられる。したがって，本件でもMT社は有効にLR社との契約を更新拒絶ができる可能性は十分にあるであろう。ただし，本件は，MT社の法務に相談が来たのが12月１日，更新拒絶の期限が12月31日である。そうすると，更新拒絶を行う場合，期限ぎりぎりに，唐突に更新拒絶の通知を行うことになり，これは場合によっては相当にLR社に不利益を与える可能性があり，LR社の事情によっては信義則違反等に該当する可能性は否定できない。

また，法的には有効に更新拒絶がなし得るとしても，長年続いた契約関係を，３カ月前に突然通知をして終わらせてしまうというのは，業界におけるMT社のレピュテーション（評判）という観点から問題があり得る。紛争化する可能性も高いであろう。

こういったことを考えると，本件では，更新拒絶は見送り，中途解約を行うことを視野に，少し時間をかけてLR社との調整を行う（これに伴い，PP社との契約は少し延期する）といった選択肢も考えられないではない。つまり，いきなり契約を更新拒絶するのではなく，相手との合意によって相当期間経過後に契約を終了させるような形で，ソフトランディングを提案する方法も考えられる。ただし，契約期間満了で終了させる更新拒絶よりも，契約を途中で終わらせる中途解約のほうが，認められる可能性が低くなるように思われる。

本件は，このようにレピュテーションリスク（36頁参照）や紛争化のリスクと契約の早期終了の要請をどのように調整すべきかが悩ましい事案であり，法律論に加え，LR社といつ，どのように契約解消に向けたコミュニケーションをとるかが難しい事案である。

３．社内の意思決定

(1) 事実関係の確認

まずは，期間が迫っている中で更新拒絶の通知をするか否かを決めることが喫緊の課題であるが，前提として，信義則違反等が認められるか否かの判断に必要な事実関係を整理することが必要である。例えば，本事例では，以下のような事実関係（およびその証拠）を確認することが考えられる。長年更新されてきた契約を，契約条項に形式的に従って（事前調整をほぼ行わずに）3カ月前に，事前の調整なく，一方的に終わらせようとする事案であるところ，事前に十分な調整が行われた事案と比較した場合，それによりLR社がどのような不利益を被るか，という点が特に重要になろう。

項　目	考 慮 要 素	本件で事業部に確認するべき点・証拠の例
1　契約解消の必要性	被解消者に契約違反等があるか	• 2016年3月のLR社による履行遅滞以外に契約違反があればその内容
	解消者側に解消を正当化する事由があるか	• 契約違反によりMT社が被った損害の有無と内容 • MT社の業績悪化の程度
	関係継続のために努力をしたか	• 取引量を減らす等することで継続できないか • LR社への違反是正のために働きかけを行ったか
	外部環境の変化があるか	• MT社の業績悪化の程度が甚大なこと • LR社の部品Aの値段が，新たなPP社製品の登場で相対的に高くなったこと
2　想定されている取引期間	契約条項はどうなっているか	• （事例の）条項1と条項2参照 • 他に追加の覚書や口頭での合意がないか
	契約の運用はどうであったか	• 毎月の発注が途切れることはなかったか • 取引量は条項1記載のとおりであったか
	実際の取引サイクルはどうか	同上

	どのような事業計画を立てていたか	• 直近の２年間でLR社の事業計画はどうなっていたか
3　被解消者への影響の度合い	どの程度の投資をしていたか	• LR社がMT社との取引のためにいつ，どの程度の設備等の投資をしていたか。その程度はどうか
	どの程度の投資を回収したか	• LR社は上記の投資を2000年（あるいは追加の投資時点）からどの程度回収したか
	過去の投資が無駄になるか	• 部品Aの製造技術や上記投資設備をLR社はMT社以外に販売することができるか
	その取引にどの程度依存しているか	• MT社との取引はLR社の売上高全体の20%であるが，利益のうちに占める割合はどうか • LR社はMT社以外にどの程度の数の会社と取引があるか
	事業再構築のためにどの程度の投資が必要か	• MT社との取引終了の場合，当該事業を存続させるためのLR社の負担はどの程度か
4　解約予告期間	どのくらい事前に通知したか	• 最短で通知が届く時期はいつか • 通知が期限直前になってしまった合理的な理由があるか
	どのような事前協議を行ったか	• 取引条件（数量・金額，別件の取引等）が合理的か • 協議の態様・頻度はどうするか
5　当事者の力関係の非対称性	事業規模に差異があるか	• 資本金，売上規模はそれぞれどの程度か
	市場における位置づけ	• 業界構造的に買主が強いといった事情がないか
	どのような経緯で取引が開始されたか	• MT社がLR社に無理をさせて取引を開始した等の事情はないか
	バーゲニングパワー（交渉力）はどうか	• MT社とLR社のバーゲニングパワーはどの程度の差があるか

	それぞれがどのような役割を担っているか	• MT社がLR社の部品製造に必要な技術指導や情報提供等重要な役割を果たしているか

(2) 方針の検討

まずは期限内に更新拒絶をするか否かで分岐することになるが，本件では以下のような方針が考えられるであろう。

ア　更新拒絶をする場合

- LR社が争う姿勢をみせても妥協せず，無条件の更新拒絶を目指す。
  この方針は場合によってはレピュテーションリスク・紛争化のリスクをはらむものであるが，例えばLR社の履行遅滞の態様などによっては一考に値する場合もあろう。
- LR社の反応次第では，基本契約自体は終了させることを前提に，一定期間に限り同条件で取引を続け，徐々に取引量を減らしていく方向で合意を目指す。
  更新拒絶自体は行いつつ，やや柔軟な着地を目指す方針である。
- LR社の反応次第では，一定の金銭を支払う。
  こちらもやや柔軟な着地を目指しつつ，取引自体は即時に終了させたい場合に考えられる対応である。

２点目，３点目の対応については，LR社が真正面から争い，MT社の譲歩案に応じなかった場合にどうするかという問題は残る。この場合にはさらなる譲歩をするか訴訟を覚悟するかの二択になるが，訴訟になった場合でも，譲歩案を示したこと自体も信義則違反の有無の判断において考慮されるのが通常であるから，譲歩案の提示に一定の意味はあると思われる。

イ　更新拒絶をしない場合

この場合は，中途解約を前提にLR社と交渉を行うことになる。ただし，上述のとおり，一般論としては，契約期間満了で終了させる更新拒絶よりも，契約を途中で終わらせる中途解約のほうが，認められる可能性は低くなると思われる。

4．相手への対応

以上の選択肢を示して事業部と協議した結果，事業部より以下のような希望が寄せられたとしよう。

- 長年付き合いのあるLR社には最大限の誠意を示したい
- レピュテーションリスクや紛争化のリスクもできるだけ避けたい
- ただ，LR社からPP社への切替えは最優先課題であり，何としても予定どおり行いたい

その場合，更新拒絶をしつつ，LR社の反応によっては一定の金銭的譲歩をする，という選択肢が現実的であろう。

この選択肢をとる場合，まず，更新拒絶の通知をすることが必要になる。この通知はMT社としての正式な通知であるから，（もちろん，通知の期限までに合意がまとまればそれが一番良いが，そうでない場合には）一般的には内容証明郵便などにより行うべきであろう。そうすると，更新拒絶の期限（12月31日）が年末であることも考えると，12月20日くらいには内容証明郵便を発送しておきたい。

他方，従前のLR社との関係性いかんによっては，何の事前予告なく内容証明郵便を送付することは，「宣戦布告」といった強いメッセージと受け取られる可能性もあり得ることから，事前にLR社にMT社の意向を伝えておくべきであろう。LR社との契約は20年以上続いており，一定の発注義務（購入義務）を課すような関係であるから，MT社のしかるべき役職の人物が，LR社のしかるべき役職の人物に会って，意向を伝えることも考えられる。その上で，LR社の反応をみつつ，12月20日ごろには，内容証明郵便等の一定の形式で更新拒

絶の通知を行う必要がある。

いずれにせよ，法務としてはすぐに通知書の作成にとり掛かる必要がありそうである。

(1) LR社からの反応

本件では，LR社から以下の反応があったとする。

- 本件において，MT社の業績が悪化し，コストカットの必要性が生じていることは理解しているが，LR社においても同様に業績が悪化しており，主要取引先のMT社との部品Aの契約が終了した場合の経済的損失は大きい。
- 部品Aは，MT社にだけ納品しているので，材料や設備が無駄になってしまう。
- 過去にLR社が履行遅滞をしていた点は申し訳ないが，その都度MT社には説明し，MT社の社長からも許しをいただいていた。今後は，このようなことがないことに最善を尽くすつもりである。
- こうした事情を踏まえると，MT社が更新拒絶の通知を出したところで，何の補償もなく唐突に契約を終わらせるというのは承服しがたい。
- 契約の打ち切りは不当であり，争うしかない。

(2) LR社の反応を受けたMT社での検討

MT社の更新拒絶について，LR社は強い拒否反応を示しつつも，「何の補償もなく」打ち切るのは承服しがたい，という発言からは，一定の金銭補償をすれば契約を解消する余地はありそうである。

5．合意書の作成

交渉の結果，MT社がLR社に１億円を支払い，契約を更新させず終了させる，という内容で合意に至ったとする。その場合，当該条件を踏まえた合意書を作成する必要がある。一例として，以下のような内容の合意が考えられよう（以下は簡易な合意書の例であり，事情によってはより詳細な規定が必要になることに留意されたい)。

なお，本件では，合意書締結時点において，取引基本契約に基づいて行った通常の取引の債権債務は存在しており，取引基本契約自体も2022年３月31日までは引き続き効力がある。そのため，清算条項を置く場合には，その点に配慮した記載が必要である。

合意書（案）

株式会社Much Trouble（以下「MT社」という。）及び株式会社Long Relation（以下「LR社」という。）は，部品Aに関するMT社とLR社の間の2000年４月１日付「取引基本契約」（以下「本件取引基本契約」という。）について，以下のとおり合意する。

1　MT社及びLR社は，本件取引基本契約が2022年３月31日をもって終了し，更新しないことを確認する。

2　MT社はLR社に対して，本件取引基本契約終了の解決金として金１億円を支払う。

3　MT社は，LR社に対し，前条に定める金員を本合意成立日の属する月の翌月末日限り，LR社の別途指定する銀行預金口座に一括して振り込む方法で支払う。なお，振込手数料はMT社の負担とする。

4　MT社及びLR社は，自ら又は第三者をして，本件の経緯（交渉過程を含む。）並びに本合意の成立及び内容を，正当な理由なく，第三者（MT社及びLR社の役員及び従業員を除く。）に開示しない。また，既に事情を知っている第三者に対しては，「円満に解決した」旨のみを説明することができるものとする。

5　MT社及びLR社は，両者間には，本合意書作成時点において，本件取引基本契約を終了させることに関して，本合意に定めるもののほかに何らの債権債務がないことを相互に確認する。

6　本件に要した費用は各自の負担とする。

6．トラブルを踏まえた改善策

本件の対応の一番の問題点は，契約更新期限のギリギリになって法務部に更新拒絶の相談が持ち込まれたことであろう。PP社との契約の話が持ち上がった10月に相談があれば，もう少し余裕を持った対応ができ，場合によっては1億円もの補償は不要になった可能性もある。

今後，こういった事態を避けるためには，法務としては以下のような方策が考えられるかもしれない。

- 発注義務を負っている継続的契約が他にもないか，洗い出す（継続的契約であっても買主の発注義務が定められていない場合，当該契約を解消せずとも個別の発注を控えることで支出は抑える余地があると考えられるが，一定の発注義務が定められている場合には本件と同様の事態が生じ得る[7]）。発注義務を負っている継続的契約については管理上特別なフラグを付けてリスク管理（更新期限の管理等）する。
- 継続的契約については契約に記載された以上の対応が必要になり得ることにつ

7　前掲注1）加藤＝吉川編58頁において，取引基本契約と発注義務について以下の記載があるので参考にされたい。

取引基本契約の内容，同契約締結に至る経緯やその後の事情によっては，被供給者側に，発注の義務が課せられることもあろう。例えば，取引基本契約の内容として，各期の最低発注量が定められているような場合には，期間に応じた各最低数量について購入義務を合意したといってよいであろうから，その量に満つるまでの発注義務があるとされるであろう。そのような合意がない場合には，発注義務は認められないのが原則であると考えられるが，契約締結の経緯や契約後の事情から，例外的に発注義務の合意を推認できる場合もあり得ると考えられる。もっとも，実務上，発注義務が認められるべき事案は，多くはないように思われる。

いて，社内に周知する。

契約内容については，不必要に発注義務等を負う内容の契約を締結することは当然避けるべきであるが，発注義務を負うことで相手方に受注義務を負わせることができ，安定供給が可能になる，といったメリットもあり得るため，必ずしも発注義務を負う契約を避けるべき，とはいえない。そこで，契約内容を工夫して継続的契約のリスクをなくすというより，リスクを把握し，管理するという観点からの方策が重要になり得よう。

7．独禁法上の問題点

最後に，継続的契約の解消の場面では，独禁法上の優越的地位の濫用の問題も考慮すべき場合がある。やや発展的な内容ではあるが，簡単に解説する。

まず，優越的地位の濫用とは，自己の取引上の地位が相手に優越していることを利用して，正常な商慣習に照らして不当に，取引の相手に不利益となる様々な行為を行うことをいう（独禁法２条９項５号）。そして，被解消者にとって解消者との取引の継続が困難になることが事業経営上大きな支障を来すため，解消者が被解消者にとって著しく不利益な要請等を行っても，被解消者がこれを受け入れざるを得ないような場合は，契約の解消者が，被解消者に対して優越した地位にあるとして，取引を解消する行為が優越的地位の濫用に該当するおそれが生じてしまうとの見解もある[8]。優越的地位に該当するかについては，公正取引委員会の「優越的地位の濫用に関する独占禁止法上の考え方の４要素」（①被解消者の解消者に対する取引依存度，②解消者の市場における地位，③被解消者にとっての取引先変更の可能性，④その他解消者と取引することの必要性を示す具体的事実）が総合的に考慮される。

8　大東泰雄「継続的契約の解消と独占禁止法」ビジネスロージャーナル2016年７月号41頁。

継続的契約であることから直ちに優越的地位が認められるものではないが，継続的契約の中でも，フランチャイザーとフランチャイジー，メーカーと専売代理店の関係などにおいては，一方の当事者の優越的地位が比較的認められやすい傾向にある。他方で，長期間契約が継続している場合であっても，同じ規模の企業同士は一方当事者が優越的地位にあるとは限らない。

継続的契約の解消においても，独禁法違反を主張する利点としては，被解消者が公正取引委員会へ申告することが可能となる点がある。すなわち，被解消者としては，民事上の争訟を原則としつつ，公正取引委員会への申告を並行して行うことが手段としてとり得る。解消者としては，独禁法に違反したとして公正取引委員会の調査を受けたり，摘発された場合の損害（レピュテーションリスクを含む）は非常に大きいため，独禁法上の違反とならないか，という点も留意が必要となろう。

第3 販売提携契約

古門先生 何かいいことでもありましたか。

遠藤さん 中東地域で揉めていた元代理店との間で，ようやく話がまとまりそうなんですよ。私の前任者のときから10年かかりました。

古門先生 それは大変でしたね。MT社さんは世界各地でビジネスされていますから，代理店にまつわるトラブルも多いのではないですか。

遠藤さん そうなんですよ。今度は別の地域で，代理店との契約期間が満了になるというので，更新せずに契約解消したいとの相談が持ち込まれました。

古門先生 また10年もかかる紛争になったら目も当てられないですね。

遠藤さん それにしても，事業部では更新期限が来るって何年も前からわかっているのになんでいつも直前になって相談に持ち込んでくるんですかね……（ぶつぶつ）。

古門先生 まあまあ，更新された後で何とかしてくれって持ち込まれるより良かったじゃないですか。

遠藤さん 他にも，新たな地域でビジネスを始めたいというので，新規の代理店契約のドラフティングも頼まれています。

古門先生 最初のドラフティングは重要ですね。以後基本的にその条項に沿って更新されていくでしょうからね。万一，不用意な内容で合意してしまって，こちらも10年かかる紛争に発展してしまったら，遠藤さんもますます法務部から離れられませんね（笑）。

遠藤さん いやいや，私も部署異動や海外転勤などで法務部を離れるかもしれませんから，先生，そのときはよろしくお願いしますね。

古門先生 えっ？

【事例】

MT社は，世界的な工作機械メーカーであり，世界各国で事業展開をしているが，日本発祥であり本社は京都にある。MT社は，工作機械を海外で販売するにあたっては，豊富な販売網を持つ現地の特約店と提携する方針をとっている。そして，各特約店に自社製品の販売に注力してもらうため，ある国では1社としか特約店契約を締結しない「一国一特約店制」を採用している。

MT社の知名度は世界的にも高く，「一国一特約店制」も相まって，地域によっては，MT社の特約店に選定されることは，安定した収益を約束されるに等しく，ビジネス上重要な意味合いを有していた。

⑴ 今般，事業部より，A国で起用している特約店Great Bears社（GB社）との契約を終了したいと相談が持ち込まれた。GB社のパフォーマンスが良くないため，同地域の他の特約店Iron Eels社（IE社）に切り替えたいとのことである。GB社との特約店契約の期間は3年であるが，自動更新を繰り返し，約20年もの間続いている。契約上，3年に一度訪れる自動更新時期の6カ月前までに通知をすれば，契約を終了できることとされている。

事業部によれば，背景として，GB社の販売活動には以下の問題があるという。

① 特約店契約に違反してMT社の競合他社であるTroublesome社（TS社）の製品を取り扱っている。

② 特約店契約ではA国での販売しか許容していないのに，公用語が同じ隣国のB国へ，インターネットを使用して販売しており，B国の特約店からクレームを受けるに至っている。

③ 特約店契約で指定した小売価格を大幅に下回る金額で販売し，値崩れを生じさせている。

④ 政府機関に工作機械の売り込みをかけるため，政府機関の調達担当者に比較的高額の贈答品を渡したり，接待を行っており，コンプライアンス上の懸念がある。

以上を踏まえ，GB社との契約解消にあたりどのような点に留意すべきか。

⑵ 今般，事業部より，これまで事業展開してこなかった中東地域において新たに事業展開することとなり，中東地域のC国での有力な特約店候補としてCopper Camel社（CC社）との特約店契約を締結したいので，ついては契約

書のドラフティングをしてほしいとの相談が持ち込まれた。
ドラフティングにあたってはどのような点に留意すべきか。

【事例(1)の関係図】

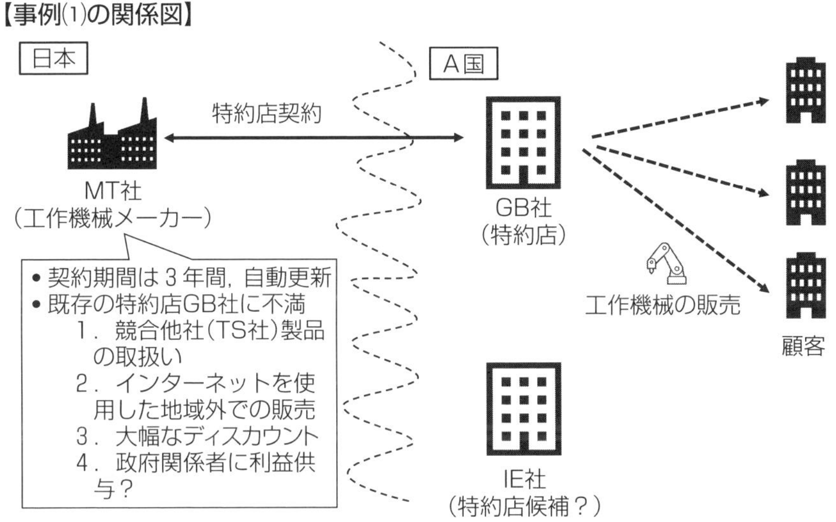

1．はじめに（販売提携契約の基本）

第3では販売提携契約を題材に取り上げる。販売提携契約のうち，とりわけ，海外の事業者との間で締結されるものについては，契約解消を含めたトラブルに発展することが多いことから，**第3**では，国際的な販売提携契約に関する法的な知識や契約作成の留意点に焦点を当てることとしたい。

本事例において登場する「特約店契約」も，このような販売提携契約を念頭に置いたものであるが，そこでMT社が起用する「特約店」には，一般的に，以下で説明する「販売店」や「代理店」という異なる形態のものを含む。

まずは，本事例の検討の前提として，販売店や代理店に関する基本的な事項を説明する。

⑴ 販売店・代理店とは

新たな国でのビジネス展開を検討するに際し，いきなり当該国に子会社を設立するのでは投資上の負担や事業上のリスクも大きいため，まずは現地の企業と提携関係を結び，当該現地企業を通じて当該国でビジネス展開をしていくことがなされる。典型的には，本国で製品を製造し，販売したい国の現地企業との販売提携を通じ，当該国で販売していくということがなされる。このとき，当該現地企業を起用するにあたって，「販売店」という形態を取る場合と，「代理店」という形態を取る場合とがある。

販売店と代理店の基本的な違いは次のものである。すなわち，販売店はメーカーから製品を仕入れた上で自ら顧客との間で契約を締結し，顧客との契約関係は販売店との間で生ずるのに対し，代理店はメーカーの代理として顧客と契約を締結し，顧客との契約関係は本人たるメーカーとの間で生じる。

この構成の違いによって，契約関係だけでなく，販売店側・代理店側の利益状況も異なってくる。

販売店の場合，上述のとおり，一度，製品をメーカーから購入し，それを自ら顧客に販売することになる。そのため，メーカーから製品を購入したはよいが，思ったほど顧客に売れなかったような場合には，販売店において在庫を抱えることとなる（在庫リスク）。また，製品に何らかの問題が生じた際，顧客が真っ先にクレームを入れるのは，契約締結をしている先の販売店となるだろう。そのため，販売店には一般的に顧客対応の負担が生ずる（販売店は製品の不具合についてメーカーに何らかの請求をすることは考えられるが，それは別の話である）。顧客が代金を支払わないような場合も，自ら回収活動を行う必要がある上，回収できない場合には自らの負担となる（つまり，メーカーは補填してくれない）。他方，販売店は，顧客に対して製品を販売する主体として，製品の代金を決めることができる。そして，顧客に販売した代金とメーカーから購入した代金の差額を自らの利益として得ることができる。

代理店の場合はこの逆である。すなわち，取引関係（契約関係）はメーカーと顧客の間で発生するため，代理店において在庫を保有することはなく，顧客からのクレームもメーカーに向けられ代理店において対応する必要がないことが多いであろう。他方，代理店は顧客との間の契約関係に入らないため，製品の代金を決める立場にもなければ，原則として顧客から代金を得ることもない。顧客からの代金の回収も基本的にはメーカーの責任となる（なお，代理店において，別途メーカーより委託されて代金回収業務を担うこともあるが，それは別途の委託関係に基づくものであって，代理店であることによるものではない）。代理店の収益は，メーカーが販売店に対して販売協力の対価として支払う販売手数料ということになる（一般に「コミッション」といわれ，販売額や数量に応じた金額とされることが多い）。

以上をまとめると次表のとおりとなる。

【販売店・代理店の主要な相違点】

	販　売　店	代　理　店
顧客との売買の主体	販売店	メーカー
販売価格の決定	販売店が行う	メーカーが行う
代金回収リスク	販売店が負う	メーカーが負う
顧客対応	販売店が対応する	メーカーが対応する
利益	売買代金の差額	販売手数料（コミッション）

【販売店・代理店の違い】

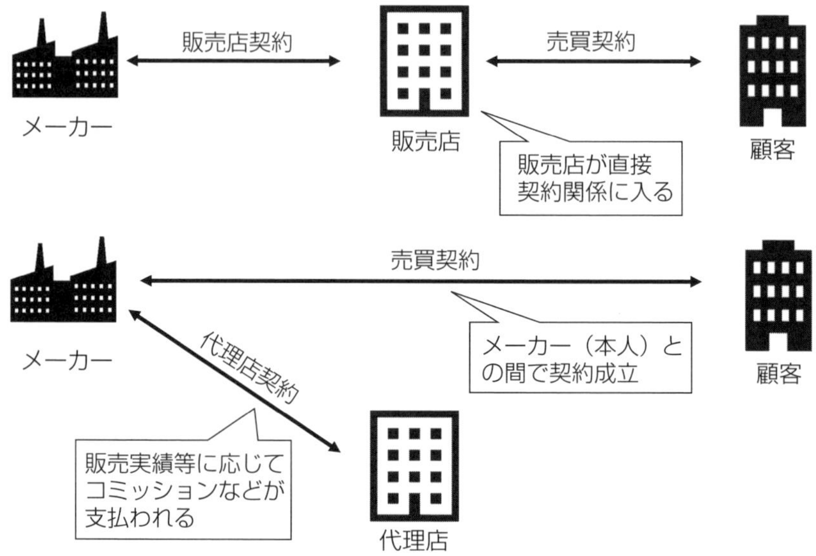

(2) 販売提携契約の条項

販売提携契約の重要なポイントの１つに，独占販売権の有無がある。独占販売権とは，メーカーは，その販売店または代理店のみとしか販売提携契約を締結せず，当該販売店または代理店のみが，そのメーカーの製品の流通を担うことができる，というものである。独占販売権を付与するメーカーの狙いは，当該販売店や代理店により多く売上を確保させる代わりに，販売により多くのリソースを割いてもらい，製品の販売数を伸ばすことにある。

独占販売権を付与した際に，その見返りとしてしばしば設けられるのは，最低購入（あるいは販売）義務である。販売形態（販売店か代理店か）等にもよって様々なバリエーションがあり得るが，一定期間に一定数量，メーカーから製品を購入するよう義務づけたり（販売店の場合），顧客への販売量が一定数量を下回った場合にはペナルティを課す（代理店の場合）等といったことがある。

その他，独占販売権の付与の有無を問わず，販売に際しての様々な制限が設けられることがある。販売地域や販売方法の制限のほか，競合品の取扱いを制限すること等も行われる。2(2)イ(ア)でも触れるが，独禁法上問題となる可能性もあるため，留意が必要である。

2．法的論点の整理

以下では本事例における法的論点の整理を試みるが，契約上の各条項の要件・効果等のみだけでなく，販売提携契約について典型的に問題となり得る実務上の留意点等についても適宜説明する。

(1) 契約期間の更新

ア　契約を更新しない旨の通知

事例(1)においては，事業部は既存の販売提携契約の解消を望んでいる。そして当該販売提携契約は，自動更新条項が設けられているものの，契約期間は3年であり，期間満了の6カ月前までに通知をすれば，契約を終了できることとされている。

したがって，事業部において期間満了まで待つことができるのであれば，その6カ月前までに，自動更新しない旨の通知をすることで，契約を更新せず，GB社との契約関係を終了することが考えられる。

その際，通知期限を徒過しないよう，また，契約に定めた通知の方式に従って，確実に通知をするよう細心の注意を払う必要がある。例えば，契約上，メール等での通知を想定した条項がなく，書面による通知を行うべきであれば，送付した記録が残るような送付手段を用いるべきである上，GB社は海外に所在するため現地の郵便情勢を踏まえた通知のスケジュールを検討することになるし，契約書上の宛先となっている住所から本社が移転していないか，部署等の変更がないか等を確認するにあたって事業部との連携が必要になろう。

なお，地域によっては特約店との契約関係の変更に一定の手続が必要となる場合もあり得るため，そのような場合は留意が必要である。この点は後述する。

イ　留意すべき事項

本件においては，20年も契約関係を継続した現地の特約店との契約を，（GB社の販売手法には問題があるとはいえ）実質的にはパフォーマンス不足という理由で，あっさり終了し，別の特約店IE社に乗り換えてしまうことに一抹の不安が残る。この不安は何に基づくものであろうか。

さらに，GB社とは20年もの間契約関係を継続しているが，仮に問題なく契約関係を終了することができることとなったとして，実務上，何か処理を要する事項はないであろうか。

㈠　レピュテーションリスク

まずレピュテーションリスクが懸念される。MT社がA国でどの程度の事業展開をしているのかにもよるが，例えば，GB社が20年にわたるMT社との歴史の中で，徐々に企業の規模や雇用を拡大し，MT社のA国地域における専属の特約店としてある種「仕えて」きており，独占販売権の引換えとして競合品の取扱いも制限されていたことから，MT社製品の取扱いしか行ってきていなかったような場合を考えてみよう。

そのような場合，GB社は，わずか6カ月の予告期間をもって，主要な事業であるMT社製品の取扱いの途を絶たれることとなる。これによって職を失う者もいるかもしれないし，GB社自体が立ちゆかなくなる可能性も否めない。かかる事態が現地で大々的に，かつ批判的に報じられた際，場合によってはMT社製品の不買運動等に発展し，今後のA国地域での事業展開に支障が生じる可能性も否定できない。

このようなリスクは今後のA国地域での販売戦略やMT社の事業展開に密接に関係する事柄であるから，事業部において当然に検討しているものと思われるが，法務担当者としても念頭に置いておくことに越したことはない。法務担当者のほうが，A国でGB社やIE社と日常的に接する事業担当者よりも客観的な判断ができるということもあり得る。

(イ) 法的リスク

法的なリスクも無視できない。

まず，**本章第2**で述べた継続的契約の法理について留意が必要である。継続的契約の法理は日本法に基づく議論であり，契約の準拠法が異なる場合には，直ちに適用されるとは限らない。もっとも，異なる法域においても同様の価値判断により類似の法理が存在する可能性も否めず，注意が必要である。

日本におけるように，法律上には明文の規定がなく，もっぱら判例により形成された法理である可能性もあり，リサーチが容易でない場合もあり得る。そのため法務担当者においてリスクを感じた場合に，現地法の専門家に意見を聞けるよう，日頃から体制を構築しておくことが望ましい。本社法務部において意見を聞ける現地法弁護士がいればよいが，直ちに思い当たらなければ，日本における顧問弁護士が渉外法務を取り扱っているならば伝手（つて）がある可能性がある。また，隣接地域に法務拠点を有する，あるいは法務拠点はないが何らかの拠点がある場合には，当該拠点において相談したことのある弁護士を通じて情報が取れないか，検討をする余地がある。

また，地域によっては代理店保護法と呼ばれる制度等によって，販売店・代理店が法的に保護されている場合があり得る。中東や南米においてこのような法制を採用する国が多いといわれる。例えば，アラブ首長国連邦においては，経済省に代理店契約の登録をすることができ，登録をした場合には，代理店には諸々の法的保護が与えられることになる。そして，医療品の販売等といった特定の産業分野での活動が想定される場合には，かかる登録は法的義務になる[1]。その他，欧州などでも，国によっては解約に必要な事前通知の期間を法定する例がある。

登録がなされた場合に代理店に与えられる法的保護のうち重要なものとしては，契約が解約され，あるいは更新されない場合に与えられる保護が挙げられる。具体的には，代理店契約を解約するためには，重大な根拠が必要とされて

1　日本貿易振興機構（ジェトロ）「アラブ首長国連邦（UAE）商業代理店法および手続き」（2017年3月）。

おり，重大な根拠の例としては，代理店の契約上の義務の不履行等が挙げられている。軽微な義務違反では足りないとされる可能性があり得る点に留意が必要である。

(ウ) 契約終了にあたって必要となり得る処理

仮に，GB社との間の販売提携契約につき，契約終了自体は問題なくできそうだとしても，実務上の処理について検討を要すべき事項があり得る。

例えば，GB社の営業活動にあたってMT社保有の商標の使用や知的財産権の実施などを許諾している場合がある。販売提携契約とは別にライセンス契約などが締結されている場合には，これも終了させるのか，その要件は整っているかにつき，検討を行う必要がある。

特に，GB社において，契約終了時点で抱えている在庫が存在する場合，GB社としては一定の期間，継続して販売することを希望することがあり（さもなくばMT社における買取を要望してくることもあるであろう），これを許す場合には，販売提携契約終了後も，商標権などの知的財産権についても一定期間実施許諾をする必要が生じる。

あるいは，GB社において，A国の顧客に対してアフターサービスを提供している場合がある。MT社としては，A国において，自社が販売する製品は国内できちんとしたアフターサービスを受けられるものだということになれば，ブランド価値や製品価値が向上するため，GB社に対して，アフターサービスの実施を義務づけ，あるいは別途委託していることも珍しくない。

かかる場合，契約終了後のアフターサービスはどうするのか（GB社が販売した分はそのままGB社に担当させるのか，自社で引き取るのか，あるいはIE社に担当してもらうのか），検討をしておく必要もある。

ウ　ドラフティングに与える示唆

(ア) 自動更新条項を入れるかどうか

本事例(1)では，自動更新条項が設けられていた。GB社としてはMT社の専属の特約店として（つまりMT社の競合製品を取り扱わない特約店として），安定的な地位を欲するであろうから，より長期間の契約や，本事例(1)におけるような自動更新条項を望むのは当然のことである。

もっとも，MT社としては，自動更新とせず，一定期間ごとに契約を締結し直すアレンジについても検討すべきである。もちろん，契約更新の際に条項の変更が予定されない取引や，双方にとって重要度が高くない取引の場合には，更新のたびに契約締結する事務負担を削減するため，自動更新条項を設けることは合理的である。しかし，そうではない取引，つまり，契約更新の際に条項の変更の可能性がある取引や，自社にとって重要度の高い契約については，事務負担を考慮しても，自動更新とはしないことも十分考えられる。

自動更新条項を設けないならば，契約更新に関する合意がまとまらない場合には，契約は終了することになる。したがって，取引関係の維持を望む当事者としては，それまでの間に更新に関する合意を取り付ける必要がある。双方とも従前と全く同じ条件で構わないのであればよいが，次回契約に向けて条件の変更が申し出られた場合には，それまでの間に交渉を行う必要がある。

例えば，本事例(1)のように，既存の特約店のパフォーマンスに問題があるのであれば，MT社としては，あらかじめ，GB社に対し，次回契約を締結する場合には，GB社に一定数量の販売義務（ないしMT社から購入義務）を負ってもらい，達成が難しければそれ以降の契約更新（再締結）をしない旨申し入れることが考えられる。そのような条件がおよそ非現実的なものであればともかく，そうでない限り，先述のレピュテーションリスクとの関係でも，よりマイルドな解決が図れるように思われる。

もちろん，自動更新条項を前提とした場合であっても，MT社としては，契約終了（自動更新）時期の一定期間前から，「GB社において販売義務（ないし購入義務）を負う旨の覚書を締結してくれなければ，更新しない旨の通知をする」と迫ることも考えられる。しかし，この場合，契約更新が原則形態であって，契約終了時期までに何もしない場合には契約が更新されることになるため，それが困るMT社としては，自ら積極的に何らかアクションを取らねばならない。かかる意味において，自動更新条項を設ける場合，そうでない場合と比較して，GB社との交渉上，多少不利に働くとも考えられる。

事業部から，新たに，販売店契約のドラフティングを求められた場合には（本事例(2)），以上のような点も加味した上，自動更新条項を入れるかどうか（入れた形でCC社に提案するかどうか）を検討する必要がある。

(イ) 期間満了によっても契約終了ができない可能性を見据えた条項

仮に自動更新条項を設けないことで交渉がまとまり，契約期間満了までに更新の合意がなされなかった場合には契約が終了する内容で合意できたとしても，前記イ(ア)のように，期間満了による契約終了が許されないリスクがあり得るならば，後記(2)で述べる債務不履行に基づく解除を行う可能性も視野に入れ，MT社として相手方に守らせたい経済条件を可能な限り契約上の義務となる形で規定することが望ましい。

(2) 債務不履行に基づく解除

ア 債務不履行

日本法においては，契約上の義務を履行しない場合には，その相手方は，一定のプロセスを経て当該契約を解除することが認められている。おそらく，少なくとも主要な国においては，重要な契約条件に違反した場合には，一定の条件の下で，当該契約関係から離脱することが認められているものと思われる。

したがって，契約解消を検討するにあたっては，前記(1)の契約期間に関する検討に加え，相手方が契約上の義務に違反していないか検討することが重要である。

イ 本事例における債務不履行の成否等

本事例(1)におけるGB社の販売活動には，次の問題が認められる。

① 特約店契約に違反してMT社の競合他社であるTS社の製品を取り扱っている。

② 特約店契約ではA国での販売しか許容していないのに，公用語が同じ隣国のB国へ，インターネットを使用して販売しており，B国の特約店からクレームを受けるに至っている。

③ 特約店契約で指定した小売価格を大幅に下回る金額で販売し，値崩れを生じさせている。

④ 政府機関に工作機械の売り込みをかけるため，政府機関の調達担当者に比較的高額の贈答品を渡したり，接待を行っており，コンプライアンス上の懸念がある。

以上の問題を理由に，MT社は契約解消をすることができるか。

(ア) 競合他社の製品の取扱い

新たに事業参入したA国において自社製品のシェア向上を目指すメーカーMT社としては，特約店のGB社において，競合他社であるTS社の製品を取り扱うのを良しとはしないであろう。

そこで，事業部より，特約店契約のドラフトにあたって，GB社に，MT社の競合他社の製品を取り扱うことを禁止する旨の条項を入れるよう求められることがあり得る。

仮に，そのような条項が設けられ，これに違反する事実が認められた場合，MT社としてはGB社の契約違反の責任を問い，契約解除を主張できるであろうか。

事業活動が行われている国にもよるが，競争法[2]上の規制に留意が必要である。日本をはじめ，一定の地域においては，一定の条件の下，取引相手に，自社の競合他社製品を取り扱うことを制限することが禁じられる場合がある。

例えば日本の独禁法では，このような制限は，不公正な取引方法（一般指定12項（排他条件付取引ないし拘束条件付取引））に該当し，禁じられる可能性がある（同法2条9項6号，19条，一般指定11項および12項）。

もっとも，公正取引委員会の「流通・取引慣行に関する独占禁止法上の指針」（以下「流通・取引慣行ガイドライン」という）によれば，国内市場全域を対象として独占販売権を付与する場合，つまり本事例におけるMT社はA国にお

2 日本における独禁法に相当する。海外の文脈では「競争法」と呼ばれることが多い。

いてはGB社しか特約店として選定しないような場合には，GB社との契約期間中については，すでにGB社が取り扱っている製品の取扱いを制限しない限り，原則として独禁法の問題はないものと考えられている（同ガイドライン第３部第１の１(2)）。契約終了後については同法上の問題があり得るが，販売ノウハウを含む秘密情報の流出防止その他正当な理由があり，かつ，それに必要な範囲内に制限するものである場合には，原則として問題ないものとされている。

他方，そうではない場合，つまりA国においてMT社はGB社に独占販売権を与えず，GB社以外にも特約店を選定する可能性がある場合には留意が必要である。

先述の流通・取引慣行ガイドラインによれば，市場における有力な事業者が，取引先事業者に対し自己の競争者と取引しないよう拘束する条件を付けて取引する行為や，取引先事業者に対し自己の商品と競争関係にある商品の取扱いを制限するよう拘束する条件を付けて取引する行為を行うことにより，市場閉鎖効果が生じる場合には，違法となるとされている。そして，「市場閉鎖効果が生じる場合」に当たるか否かは，制限を行う事業者の商品が強いブランド力を有している場合や，競争者（MT社の競合品を取り扱うメーカーであるTS社）の供給余力が小さい場合には，より該当する可能性が高くなるとされている。また，制限の期間が長期間にわたる場合，制限の相手方の数が多い場合（つまりMT社がGB社以外にも多くの業者に同様の制限を課しているような場合），競争者にとって相手方との取引が重要である場合（つまりTS社としてはGB社と取引できることがA国で販売していくためには重要であるというような場合）も，この「市場閉鎖効果」が生じる可能性が高いとされている。

以上は日本法に照らした理解であるが，主要各国においても同様の規制が設けられており，その国において広くブランドが認知されている場合や，すでに大きな市場シェアを有している場合等については特に留意が必要である。

なお，日本における独禁法やこれに相当する海外の法制度は，あくまで，競争環境保護等のために，事業者に一定の行為を禁ずる法規制にすぎない。仮に，本事例で問題となっているMT社とGB社のような私企業間の契約条項について，独禁法違反が認められた場合，違反した事業者であるMT社に一定の制裁がなされる（日本でいえば排除措置命令や一定の場合における課徴金納付命令等）ことはあるとして，その独禁法違反の契約条項は無効になるのであろうか。つまり，その契約条項に違反したGB社に対して契約解除を行うことも否定されるのであろうか。

これは独禁法の私法上の効力の問題として議論され，最高裁判例[3]では，独禁法違反の契約であっても，直ちに無効とはならず，公序良俗違反（民法90条）となる場合に限って無効とされると解されており，この最高裁判例の事案でも公序良俗違反が否定され，契約の有効性が認められている。もっとも，この最高裁判例の事案でも，その後の下級審裁判例の事案でも，具体的な事案における事情を考慮して公序良俗違反の有無を検討しており，実際上も，「独禁法違反であっても私法上の効力には影響がない」という考え方が取られているわけではないことは留意が必要である。

他国の法制については一概にはいえないが，独禁法ないし競争法の違反があったとしても，私人間（私企業間）の契約に効力を及ぼすものとは当然にはいえない場合があり，別途検討を要する場合があることは頭に入れておいてよいように思われる。

㈡　販売地域や販売方法に関する定めの違反

MT社は，GB社に対し，特約店契約上，A国以外での販売を禁じている。にもかかわらず，GB社は隣のB国での販売活動も行っている。事例からはインターネットを使用した販売も禁じられているかは明らかではないが，GB社は販売活動にあたってインターネットを使用している。

MT社としては，一国一特約店制を採用しており，各特約店には自社に割り当てられたエリアでのみ販売活動を行ってもらいたい。その理由としては，各特約店において，そのエリアでの販売にリソースを集中投下してほしいというものと，他の特約店による参入を認めないことで十分な利益を保障するが，そ

3　最判昭和52年６月20日民集31巻４号449頁。

のために丁寧なサービスやブランド力維持のための施策に注力してほしいというものとが考えられる。そのため，本事例のような地域制限を特約店に課したいというニーズがあり得る。

しかし，ここでも競争法上の留意が必要である。日本の独禁法の観点では，流通・取引慣行ガイドラインが，地域制限に関して指針を示している。まず，商品の効率的な販売拠点の構築やアフターサービス体制の確保等のため，責任地域性や販売拠点制を採用することは，通常は違法とならないとされている。

他方，割り当てた地域外における販売を制限すること（ガイドライン上「厳格な地域制限」と呼ばれる）については留意が必要である。厳格な地域制限には，割り当てた地域以外への積極的な販売活動を禁ずるものと，エリア外の顧客からの求めがあった場合における販売活動までも禁ずるものがある（後者について，特に，ガイドライン上「地域外顧客への受動的販売の制限」と呼ばれる）。

このうち，独占販売権が付与される場合においては，許諾された地域以外における積極的な販売活動を禁ずることについても，原則として問題にならないものとされている。

他方，地域外顧客への受動的販売の制限については，価格維持効果が生ずる場合には違法と考えられている。また，独占販売権が伴わない場合における厳格な地域制限についても同様に考えられるが，上記の公正取引委員会のガイドライン上，地域外顧客への受動的販売の制限のほうが，競争制限効果が大きいとされ，問題となる可能性が高い。

本事例では，GB社がA国の公用語で作成したウェブサイトをみて，同じ公用語を用いるB国の顧客が購入を希望してくるという場面があり得る。例えば，顧客の配送先情報等から，当該顧客の住所がB国であることが判明した場合に，当該顧客とのインターネットを利用した取引を停止させることは，日本の独禁法を前提とした場合，上記ガイドライン上，この地域外顧客の受動的販売の制限に当たるとされている。

諸外国でも地域制限が違法となる例があるため，注意が必要である。規制の程度は一概にはいえず，例えば欧州においては，地域外への積極的な販売活動を制限することは問題が少ないが，受動的な地域外への販売活動の制限は許されないとされている。

(ウ) 指定価格を下回る販売

MT社としては，価格競争の激化による値崩れや，これに伴うブランド力の毀損を避けたいところである。そのため，事業部門より，A国で顧客に販売される金額をあらかじめ指定しておき，これを下回る金額での販売を禁止するよう，特約店契約に規定してほしいと求められるかもしれない。

ここでもやはり競争法上の留意が必要である。

日本の独禁法においては，公正取引委員会の流通・取引慣行ガイドラインにおいて，流通業者の販売価格（再販売価格）を拘束することは，原則として，不公正な取引方法に該当し，違法となるとされている（独禁法２条９項４号，再販売価格拘束）。

正当な理由があれば許されるとされているものの，「正当な理由」については相当狭く解釈されており，依然としてリスクが高いのが現状である。

このように厳格に考えられているのは，再販売価格拘束によって生ずる次の問題による。まず，本来は流通業者同士が独自に販売価格を設定しあうことによって，流通市場での価格競争が生ずるべきところ，再販売価格拘束がなされると，この営みが機能しないという問題がある。さらに，再販売価格拘束は，数ある販売条件のうち，顧客にとって最も重要と考えられる価格を直接的に制限するものであり，競争に与える影響が大きいという問題もある。

このような考え方は海外においても基本的に同様である。米国は（日本でいうところの）正当な理由が認められる余地が比較的あり得るが，問題となる可能性は否定できないし，欧州ではさらに厳しく規制されており，よりリスクが高いと考えられる。

以上でみた再販売価格拘束は，あくまで「流通業者」の販売価格を拘束することを問題とするものである。本事例でいえば，GB社がMT社の販売店である場合が想定される。他方，GB社が代理店であり，顧客との契約はMT社との間に成立する場合には基本的に問題がない。MT社はGB社に対して製品の販売価格を指示するが，GB社はMT社の代理として顧客と契約を締結するにすぎず，契約関係は顧客とMT社との間に成立するからである。

(エ) 政府機関担当者への贈答品の提供

前記(ア)ないし(ウ)で述べたものと異なり，政府機関担当者への贈答品の供与を禁ずる規定があったとしても，それ自体に競争法の問題はない。

これを禁ずる規定が設けられており，これに違反した事実が認められ，かつ，その度合いが軽微なものでなければ，解約の手がかりとすることは十分考えられる。

むしろ後記(3)で述べるようなリスクを踏まえると，特約店の腐敗行為を防止し，その責任を負わされることがないよう，適切な契約条項を設けておくことが重要となる。

ウ ドラフティングへの示唆

まず，前記**イ**(ア)で述べたとおり，契約上の義務を課したとしても，それが競争法違反に当たる場合，現地当局により制裁を科されるおそれがある上，契約も部分的に無効とされかねない。したがって，現地法制も確認しながら，競争法違反に至らない形で義務を課すことが必要である。例えば，特約店側で達成しなければならない販売数量等，いわば販売を促進する方向の「前向き」な義務を課することが考えられよう（もちろん，それが達成不能な過大な義務を課するものであれば別の問題を生ずることはいうまでもない）。

さらに，事実の評価を伴うことなく契約上の義務違反をいえるような形で条項を作り込むことも重要である。例えば，「××地域での●●製品の販売に最善を尽くす」といった義務内容が抽象的なものや，「××地域で●●製品を年間××個販売するよう努力する」といった努力義務であると，その違反を問いにくいという問題がある。また，「●年以内に市場シェア××％を達成する」といった，一見，違反しているかどうかを容易に判断できそうな条項であっても，「市場シェア」は何を基準にどのように算定するのかによって義務違反の成否が異なり得，この点をめぐって紛争に発展する可能性が否めない。「××

地域で●●製品を年間△個販売する」「MT社より，××地域での販売のため，●●製品を本契約が定める条件で年間△△個購入する」といった，明確かつ解釈の幅の少ない契約上の義務となるような形で規定するよう交渉を進めるべきである。

このように，違反の有無が評価によらず判断しやすい契約条項を定めておけば，債務不履行に基づく解除の足がかりになる上，代理店保護法の下で契約を更新しないために必要な「重大な事由」の1つの要素ともなり得る。

(3) その他―海外公務員の贈収賄リスク

主要な国の多くで，外国公務員への贈賄行為を禁止している。日本では不正競争防止法18条が禁じており，米国のFCPA（Foreign Corrupt Practices Act），英国のUKBA（UK Bribery Act）などが重要である。

ほとんどの国では，その国の公務員に対する贈賄を禁じており，現地法上の贈賄に当たらないよう注意をすることが，まず必要となる。もっとも，それだけでは十分でなく，販売活動を行うのが米国や英国でなくとも，上述のFCPAやUKBAについても留意をする必要がある。なぜならば，FCPAやUKBAは，米国や英国の国内で行われた贈賄行為のみを規制するのではなく，これらの国と関連があり得る贈賄行為であれば，広く海外にまで適用されることとなっているためである（域外適用）。実際，これらの地域外で行われた外国公務員の贈収賄事件において，これらの国の当局より多額の罰金が科されたり，役員等が収監される事例が後を絶たない。

本事例では，MT社自らはA国での販売活動には当たらない。そうはいっても，公務員の贈収賄とは無関係とはいえない。なぜならば，贈賄がなされた態様や，特約店との関係性によっては，MT社は，GB社をエージェントとして（つまり代理人，いわば「手足」として）使っているにすぎず，自ら贈賄に積極的に関与ないし主導していると受け取られかねないためである。

したがって，特約店（特に代理店）を採用するにあたっては，十分なスクリーニングを行った上，そのような行為を行わない旨の誓約をさせることが必要である。さらに，特約店で使用している従業員等の使用人において，こうした贈賄行為に加担した場合であっても，同様の問題が生じ得る。そこで，特約店契約には，使用人のスクリーニングや必要な施策の実施（ガイドラインを作成した上，遵守すること等）を義務づけたり，違反があった際に直ちに契約解消できるようにした上，補償・損害賠償などについて規定をしておくことも考えられる。

この際重要になり得るのが，事業部との関係である。場合によっては，あまりに厳しい条項を入れすぎると，現地の特約店との関係で難しく，また，実際上の運営も困難であるため，規定を緩やかなものにしてほしいと要望される可能性があり得る。要望をそのまま鵜呑みにして法的リスクを生じさせることはあってはならないが，他方で，事業部の要望を全く無視して強硬に進めることも得策ではない。現地の特約店（あるいは事業部の現地担当者）において，契約上規定された内容が厳しすぎて遵守できず，契約が空文化してしまっては本末転倒だからである。

したがって，必要に応じてかかる分野に詳しい弁護士等の専門家の助言を受けつつ，事業部と十分にコミュニケーションを取った上で，条項を策定していくことが望ましい。

3．社内での進め方

(1) 検討の初動

本事例のように特約店との契約解消に関する案件が持ち込まれた場合，まずは契約書等の基礎資料を入手することから始めることが必要となる。

なお，ここで留意を要すべきは，歴史の長い特約店の場合，契約が何度も更新され，その都度覚書が締結される等により，入手・検討すべき文書が多岐にわたることが考えられる。事業部から提供された契約書がすべてであるとは思い込まず，それぞれの契約書・覚書において引用されている契約書で，まだ入手していないものがないか，慎重に確認する必要がある。

そして，正しい契約内容の把握ができたならば，次に，契約期間の確認を行う必要がある。代理店保護法や継続的契約の法理（**本章第2**参照）によって，契約期間が満了しても直ちに解約できるとも限らないが，契約で定められた契約期間が満了するという事実は，解約を進めるための大きな足がかりとなる上，ひとたび契約が自動更新され，数年間存続することとされてしまうと，相手方の合意に基づく解約か，あるいは債務不履行による解約を模索するしかなくなるため，やはり，契約期間について十分に把握しておくことが重要となる。仮に，まもなく契約期間が満了するというのであれば，その前に，必要な通知手段によって解約の意思表示を行う必要があるため，そのために不可欠な検討を急ぎ行う必要がある。したがって，スケジュール感を把握するため，まず期間の確認を先行させるべきなのである。

次いで，契約期間の満了に伴う解約が難しい可能性がある場合には，事業部より，GB社の販売活動にどのような問題があったのか，詳細なヒアリングを行った上，既存の契約上，債務不履行を主張できる可能性がないか，検討すべきである。

検討の過程で，競争法やその他現地法制への抵触の可能性が判明した場合等は，現地弁護士の助言を得ながら進めることが望ましい。これは，交渉の過程で相手方からこれらの主張がなされた場合も同様である。

⑵ 契約書のドラフティング

契約書のドラフティングにあたっては，まずは代理店保護法制の有無や内容について調査することが望ましい。その上で，契約期間の満了によって，法的にも事実上も契約の解消が容易となっているかどうかを考え，契約期間や自動更新の有無について検討をする必要がある。そして，契約解消をするにあたって契約期間の条項によることができない場合もあり得ることから，債務不履行による解約の可能性も踏まえ，できるだけ具体的かつ一義的な形で相手方に負わせる義務の検討をする必要がある。

第4　ライセンス契約

古門先生　今日はどのようなご相談ですか。

遠藤さん　前にも相談に乗っていただいたライセンス契約に関する相談です。やはり事業部と相手方とでうまくいっていないらしく，契約解消することになりました。

古門先生　そうですか，残念ですが致し方ないですね。本件，たしかMT社さんの知財部の方と一緒に検討されていましたかね？

遠藤さん　そうです。前一緒に事務所に来てもらった知財部の越石さんと担当しています。

古門先生　越石さんってたしか遠藤さんと同期入社の方でしたね。この本では初登場ですね。

遠藤さん　この本？　えっ？？

古門先生　でも一緒に検討してくれる仲間がいると心強いのではないですか。私は学生時代から事務所を開いた後もずっと１人なのでよくわかりませんけどね。

遠藤さん　そうですね，越石さんは知財部長への報告もそつがないし，知財が絡む案件ではかなり助けてもらっています。ただ，関係者が増えると打ち合わせの日程がなかなか決まらなくて大変ですね。肝心の事業部は英文契約になると全く読んでくれないし……（ぶつぶつ）。

古門先生　ご苦労もあるのですね。でも，隣接部門との関係が良好なのは素晴らしいと思いますよ。遠藤さん持ち前の調整力を発揮して頑張りましょう。

【事例】

日本企業であるMT社は，富山県の工場において医薬品や健康食品を製造し，必要な許認可を取得した上で国内の需要者に向けて販売している。Screwed-up Medical社（SUM社）はA国に拠点を置く製薬会社であり，ある健康食品の製造に際して実施が必要となる日本における特許権を有している（以下「本件特許」という）。

MT社は，SUM社との間で，本件特許についてSUM社からライセンスを受けるとともに，日本国内において当該健康食品を独占的に販売する権限の付与を受ける内容の契約（以下「本契約」という）を締結し，当該健康食品を自社工場で製造し，国内の需要者に向けて販売している。MT社は，自社工場で，SUM社の健康食品のほかにも，自社あるいは他社で開発した医薬品や健康食品を製造しているが，SUM社の健康食品の製造に，MT社の工場の稼働能力の約15%を振り向けている。

今般，MT社の事業部（生産部門および営業部門）から法務部に本契約の解消について相談が持ち込まれた。

本契約が締結された当時，このジャンルの健康食品のトップメーカーであったSUM社との間での関係強化のため，比較的長期間にわたる契約を締結している。しかしながら，以下の理由により，本契約を解消したいという。

① 近年，この健康食品の模倣品が隣国であるB国で生産され，国内の輸入業者を経由して日本国内で販売されるようになった。事業部としては本件特許を侵害するものと考えており，SUM社にて対策を講じてほしいが，SUM社はあれこれ理由をつけて何も対応してくれない。その結果，模倣品に顧客を奪われ，自社の健康食品の売上が低迷している。

② 事業部が独自で調べたところ，模倣品の製造元であると疑われるB国の企業は，本件特許の有効性に疑義がある旨を吹聴して回っており，これを信じた輸入業者が国内での流通を担っていることが判明した。MT社の知財部で検討したところ，たしかに，本件特許の有効性には疑義がなくはないことが判明した。

③ ここ3年ほど，SUM社の競合でありC国の製薬メーカーBlack Swan Scientific社（BSS社）が，MT社が現在販売するものよりも優れた効能をもつ健康食品の開発に成功し，日本市場への参入を検討している。BSS社は，SUM社製品の製造販売のノウハウを蓄積しているMT社との事業提携に興味

を有している。また，BSS社はSUM社と異なり知的財産権の権利行使に積極的であり，上記①のような懸念もない。したがって，事業部としては，SUM社と手を切り，空いた製造ラインをBSS社製品の製造のために振り分けたい意向がある。

しかし，本契約には，契約終了後２年間は競合品の製造を禁ずる条項がある。

以上のような相談を受けた際，法務部としてはどのような点を考慮し，どのように案件を進めていくべきか。

【取引関係図】

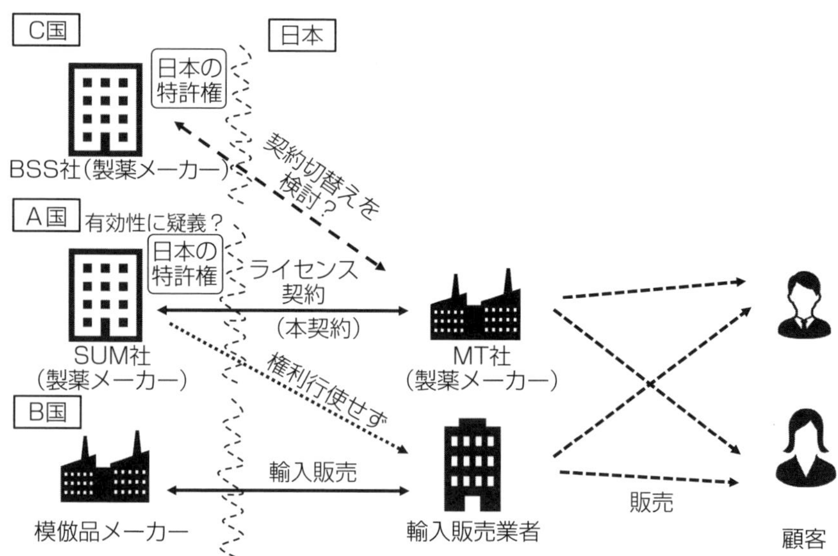

1．はじめに

(1) 検討にあたって

本事例のように，事業部から相談が持ち込まれるにあたっては，事業部の要望は比較的クリアであるものの（それすらはっきりしないこともままある），往々にして，何が論点で，それは契約の問題なのか，法律の問題なのか，法律の問題だとしてどこの法律の問題なのか，一見してよくわからないことがある。このような問題が持ち込まれた際，法務部としては，どのような問題があり，どこが相手方との交渉のポイントであり，法的観点から譲るべきでない部分はどこなのか，現実的な落としどころはどこなのか，などを整理をした上，事業部と協調して案件に臨んでいくことが望ましい。

法務部の各案件への関与の仕方は，各社における法務部と事業部との力関係その他諸々の要素によって様々であり，事業部を巻き込んで案件を主導していく場合や，アドバイザー的な立場で案件に併走する場合等があり得るが，法務部における関与の方針だけでなく，問題の発見・整理の能力や，各部門を巻き込むためのコミュニケーション力等々も，関与の態様を左右する重要な要素と思われる。

以下では，上記のライセンス契約に関する事例を前提に，本契約の解消について検討する際に考え得る代表的な法的論点と，検討のポイントについて整理を試みる。

⑵　ライセンス契約とは

検討の前提として，ライセンス契約について簡単に確認をしておきたい。

本事例において，SUM社は健康食品に関する日本の特許権を有している。特許権者は，業として，特許にかかる発明を実施する権利を専有する（特許法68条）。そのため，特許権者の許諾なく，特許にかかる発明を実施した場合，特許権の侵害となる。

特許が与えられる対象には，物の発明，方法の発明または物の生産方法の発明とがある。本件における特許がそのいずれなのかは事例からは明らかではないが，物の発明の場合，その物の生産，使用，譲渡，輸出，輸入，譲渡の申出が「実施」に当たる。方法の発明の場合は，その方法を使用する行為が「実施」に当たる。物の生産方法の発明の場合は，その方法を使用する行為に加え，その方法により生産した物の使用，譲渡，輸出，輸入，譲渡の申出が「実施」に当たる（特許法２条３項）。

SUM社以外の第三者が，日本において，特許発明について，以上のような「実施」をする場合には，SUM社による許諾を得る必要がある。

ライセンス契約は，特許権者によるこのような実施許諾と，その許諾の条件を規定するものである。許諾をする側（特許権者）を「ライセンサー」，許諾を受ける側（実施権者）を「ライセンシー」と呼ぶ。

ライセンス契約には，実施許諾の金銭的な見返り（「実施料」・「ロイヤリティ」などと呼ばれる）のほか，実際に実施をする際にあたって負う義務等が定められる。

2．主な法的論点の整理

様々な検討の順序があり得，例えば持ち込まれた事案において問題となりそうな法的論点・契約条項をリストアップし，順次検討していくということも考えられる。ここでは，事業部の要望を踏まえ，事業部の目的を達成するにはどのような手段を講ずればよいか，そのような手段は採用可能か，採用可能とした場合に検討すべきことはないか，といった順序で考えてみたい。

⑴　契約解消による目的達成の可否

ア　問題の所在

事業部は，SUM社と手を切ってBSS社と組みたいから契約を解消したいという。まずもって検討すべきは，そもそも，契約解消によってその目的が達成できるのかという点が考えられる。

以下で述べる諸点の検討を行った結果，契約解消が難しい，あるいはそのコストに比べて得られる利益が少ないことが判明した場合には，契約存続を前提に，SUM社との間で契約条件向上に向けた交渉に方針を切り替えることも考えられる。

イ　競業禁止義務

この際，本契約に，競業禁止義務を課す条項がないか検討することが重要である。ライセンス契約上，契約期間中（ときに契約終了後も）競合品の取扱いを禁止する条項を設ける例がある。表向きにはライセンサーが保有するノウハウを保護する目的がある。つまり，本件の例でいえば，SUM社としては，健康食品の製造をMT社に許すとともに，実際に製造を行う上のノウハウ等を開示することになるが，契約期間中（あるいは契約終了後）に，このノウハウをSUM社と競合するために使われたのではたまったものではない。そこで契約で競合品の取扱いを禁止する，というものである。

もっとも，建前としては以上のとおりであるが，契約終了後にも競業禁止義務を及ぼす場合には，SUM社との契約を切りにくくする（BSS社と手を結びにくくする）狙いもあるかもしれない。

このような条項は，ライセンシーの製造する製品の選択の幅を狭めるものであり，競争に悪影響を及ぼすことから，不公正な取引方法として，独禁法上問題となる可能性がある[1]。また，そのような義務が課されるのが契約期間中に限られているのであればまだ問題は少ないが，契約終了後にも長期にわたって義務を課す場合や，あるいは特許権の消滅後にまで及ぶような場合には，独禁法上問題となる可能性が高い[2]。

独禁法に違反している条項が直ちにすべて無効になるとは考えられていないが[3]，それでも，相手方がコンプライアンスを意識した企業である限り，少なくとも交渉材料として独禁法の問題を指摘することは有用と考えられる[4]。

1　公正取引委員会「知的財産の利用に関する独占禁止法上の指針」第4の4(4)参照。

2　公正取引委員会・前掲注1）指針第4の4(4)（契約終了後の短期間の制限については問題がないことが多い旨が記載されている）および同5(3)参照。

3　最判昭和52年6月20日民集31巻4号449頁参照。

4　ある行為（本件でいうとBSS社との協業）が，契約終了後も存続することとされている契約条項に明確に違反していることがわかっている状況下において，いかに，その契約文言が独禁法に違反していると判断しているからといって，あえてその行為に出るかどうかは，慎重に判断せざるを得ないであろう。現実的には，契約解消にあたって相手方と合意を行い，その中で，当該条項は独禁法上問題があることを説明した上で，合意書上で適用を排除することを明記することが望ましい。

以上は日本の独禁法に照らした分析であるが，場合によっては，関係する他国の競争法制についても検討をする余地がある。主要な国の競争当局が，法執行に関し指針となるガイドライン等を公表しており，これらを参照することで留意すべき事項がわかる[5]。

ウ　秘密保持義務

ライセンス契約上，ライセンシーに（あるいは相互に）秘密保持義務が課されていることが多い。秘密保持義務は契約終了後も存続することとされていることが多く，この点については，独禁法上直ちに問題になるとは一般的に考えられていない。

秘密保持義務との関係で考えられるリスクとしては，競業禁止義務に関して述べたところとも共通するが，後になってSUM社から，MT社はBSS社に対して，SUM社との取引で得たSUM社製品の製造ノウハウに関する秘密情報を，BSS社に漏えいした，あるいは契約に反してSUM社との取引以外の目的に使用したというクレームが出され，損害賠償請求がなされることが考えられる。あるいは，不正競争防止法が禁じる営業秘密の不正使用・不正開示（同法２条１項７号）であるとされ，損害賠償請求や差止請求（同法４条および３条）がなされる可能性も考えられる。

したがって，SUM社との契約解消やBSS社との協業を検討するにあたっては，まず，①SUM社から受領している秘密情報・営業秘密としてどのようなものがあるのか整理をした上，②BSS社との協業にあたってこの秘密情報・営業秘密を使用することはないか確認をし，さらに，③実際にはこれらの情報を使用していなかったとしても，SUM社に対して，使用しているとの外観を与えかねないことはないか，検討することが重要である。

このうち①と②に関連して，仮にSUM社から何らかの秘密情報等を受領し

5　米国については司法省と連邦取引委員会が公表したガイドライン（https://www.justice.gov/atr/guidelines-and-policy-statements-0/2017-update-antitrust-guidelines-licensing-intellectual-property），欧州は技術移転に関する一括適用除外規則および欧州委員会による技術移転契約の評価のガイドライン（https://ec.europa.eu/competition/antitrust/legislation/transfer.html）が参考になる。

いた場合（全く秘密情報等のやりとりがないということは考えにくいと思われる），SUM社と直接やりとりをしていたメンバーが，引き続きBSS社との協業も担当するとなると，この秘密情報等をBSS社のために使用していないと説明することは困難であろう。そのような場合には，社内でチームを分けて相互の情報のやりとりを禁ずる措置を講ずる（「ファイアウォールを設ける」などと呼ばれる）といった対応が必要になるかもしれない。

また，③に関連して，必ずしも技術上重要な秘密情報ではなかったとしても，秘密保持条項が規定する秘密情報と分類される情報がある場合には，契約に準拠した取扱いがなされていることを確認することが重要である。

日本においては，証拠収集手段が比較的限定的であるといわれており，実際に秘密情報・営業秘密の流用がなされていたとしても，その証拠を入手することは容易ではない。しかしながら，実際に秘密保持義務違反の事実が存在するならば，仮にそれが軽微なものであっても，場合によっては，後に訴訟になった際などに，裁判所における文書提出命令の判断や，権利者側（SUM社側）による情報開示の求釈明の申立てへの対応にあたって，事実上の参考にされてしまう可能性も皆無ではない。

なお，国によっては，広範な証拠収集手続が認められており，特に注意が必要である。例えば米国では，「Discovery」と呼ばれる証拠開示手続があり，もし米国の裁判所に提訴され，一定の手続的な要件を満たした場合，極めて広い範囲の情報を裁判所・相手方に提供することが必要となる。相手方となる企業が属する国や，契約上の紛争が持ち込まれ得る裁判所がどこであるのかにより，慎重な対応が必要になり得る。

⑵ 契約解消の可否

ア 問題の所在

契約解消によってMT社の目的が達成できそうだということになれば，まずは契約条項に従った解除，つまり相手方の債務不履行を前提としない解除の可否について検討することが考えられる。それが難しいとなれば，相手方の債務不履行の有無を検討し，契約上の解除条項の活用や，民法上の債務不履行に基づく解除の規律の活用を検討することになる。

イ　契約条項に従った解除の可否

まず，近い時点で契約期間が満了する場合や，中途解約の条項が設けられている場合，これらを理由とした契約解消であれば，紛争化する可能性も比較的低いと考えられるため，積極的な活用を検討すべきである。

その前提として，契約期間や解除に関する条項を定めるにあたって一般的に考慮される事項について整理しておく。

まず，最初に（ライセンシーにとって）大型の投資が伴う場合には，比較的長期間の契約期間が定められていることが少なくない。そのほうが，ライセンシーにとって，安定した地位を確保できるため，望ましいものとも考えられる[6]。

このような観点から，ライセンシーとして長期間の契約期間を勝ち取ったとしても，本件のように途中で解約したい場合には，かえって足かせとなってしまう。もっぱら自社の利益のために長期間の契約としたとしても，ひとたび契約が締結された以上，自社の一方的な都合で（いわば，このように勝ち取った自社の利益を放棄することで）期間の途中で契約を反故にすることはできず，改めて相手方との間で合意に至る必要がある。あるいは，あらかじめ，期間の途中であっても解約できる旨の条項を設ける例もあるが，そのような場合には相手方にも同様の解約を認めるよう求められることも多く，安定的な地位の確保を果たすことができない。

また，当事者双方とも，長期的な関係の継続を念頭に置いている場合には，契約期間の満了時に，その契約を自動的に更新する旨の条項が設けられることもある。契約条件を大きく変えることが想定されていないならば，新たに契約

6　この点はライセンス契約の条件次第な面もある。例えば，ライセンシーが特許権を実施して製造した製品の個数によらず，一定額のロイヤリティを支払うという内容になっていたとすると，ライセンサーにとっても，安定した収入を確保できるため，長期間の契約が望ましいということも考えられる。

を締結し直すよりも，契約の条項に従って自動的に更新されるほうが，取引コストの削減につながる面で望ましい。

契約上，自動更新をしない旨の通知や，中途解約の通知を行う場合には，通知を行うべき期限や，通知の宛先・方法などが規定されている場合がある。契約期間満了や中途解約条項に従った契約解消ができる場合，契約の規定に従って手続に沿うことが極めて重要である。契約に明記された方法とは異なる通知が行われた場合には，契約解消を望まない相手方から，解約の効果を争われる可能性もないではないためである。なお，最近では電子メールによる送信を認める例が多いが，中には，郵送しか想定していないように読み取り得る例もみられる。国内の当事者であればさほど時間がかからないが，相手方が海外企業である場合，郵便情勢等によって，到達までにかかる時間が読めなかったり，相当な長期間を要することもあり得る。したがって，解約の検討はなるべく早めに行うことが望ましい（前記**第3**参照）。

ウ　債務不履行の有無

ライセンス契約は，ライセンサーの持つ権利を，ライセンシーが一定の条件を守っている限り，当該ライセンシーに対しては行使をしないという合意であり，ライセンサーが負う義務の本質は，その権利の不行使である。だからといって，ライセンシーに対して合意に反した権利行使をしない限りライセンサーに債務不履行がないかというと，そうとも限らない。ライセンス契約上，ライセンサーの付随的な義務として，諸々の合意がなされることがあり，これに違反したと主張していく可能性がある。

例えば，事例における①のように，模倣品が出回っているのに特許権者であるSUM社が何もしてくれない，というのはどうであろうか。ライセンス契約によって付与される実施権は，「通常実施権」と呼ばれるタイプの権利であることが多い。通常実施権を付与されただけでは，MT社としては，その特許権を自ら行使して模倣品販売会社を止めることはできない。他方，「専用実施権」と呼ばれるタイプの権利の付与を受けた場合には（特許庁への登録を要し，実際にはあまり使われていない），自らSUM社の権利を行使することができる。

本件においてMT社が付与された権利が通常実施権であったとすると，自ら模倣品を止めることができないので，SUM社に頼るほかない。ところが，契約上，別途の合意がなければ，MT社にライセンスをしていることのみをもって，模倣品の販売を止める義務まで読み込むことは難しいであろう。したがって，MT社の立場としては，このような場合をも想定して，専用実施権を受ける，あるいは，一定の場合にSUM社に対応を義務づける等の措置を，ライセンス契約上講じておくべきであったかもしれない。義務づける等の措置の条項例として，次のものが考えられる。

【条項例】

> 乙（ライセンシー）は，本件特許権について，侵害やそのおそれを生じたものと認識した際は，甲（ライセンサー）に直ちに通知するものとする。甲は，かかる侵害を排除又は予防するために，自らの費用と責任において，乙が合理的に満足する必要な措置を講ずるものとする。

もっとも，債務不履行の事実が確認できたとしても，契約解消に至るほどのものかは別途検討を要する。契約上，このようなことがあればライセンシーは契約解消できると明記されていれば主張はしやすいものの，そのような記載が設けられているとも限らない。また，「重大な義務の違反があった場合」にしか解除が認められないとの規定が設けられているような場合には，この義務が「重大な義務」といえるのか，相手方と見解の相違が生ずることも考えられる。

エ　特許の有効性？

では，事例の②に記載したように，ライセンスされている特許の有効性に疑義がある場合はどうであろうか。

ライセンスを受けているのが，単一の特許のみであり，その特許が特許庁の無効審判によって法的にも無効になったのであれば，契約の終了を主張しやすいと思われる[7]。

しかしながら，現実的に問題となる場面においては，ライセンスの対象となっている特許が複数あり，有効性が疑われるのがごく一部にすぎなかったり，特許だけでなくノウハウのライセンスもなされていると解釈し得るような場合であってノウハウについては文句のつけようがない場合もあり得る。

このような場合，契約の解消に関する相手方との協議がまとまらず，最終的に裁判所の判断を仰ぐこととなった際に，契約の解消が認められるのかは，不透明といわざるを得ない。

加えて，契約上，そもそもライセンシーにおいて特許の有効性を争うことが禁じられている場合も考えられる。このように，ライセンサーがライセンシーに対して課すライセンス対象となっている権利の有効性を争わない義務は「不争義務」と呼ばれ，独禁法上問題となる場合があり[8]，ライセンシーの立場から，特許の有効性に疑義があることを前提に契約解消に向けて交渉していく余地もないではない。

(3) 契約解消の進め方に関して検討すべき事項

ア　正確な情報の入手

まずもって，検討の前提として，正確な情報の入手に努めるべきである。

長きにわたって存続しているライセンス契約の場合，当初締結された契約を，覚書等によって修正した上，何度も更新するということが少なくない。このような場合には，締結されているすべての覚書等を入手すべきである。また，署名捺印の直前まで調整が続くことも少なくなく，実際に署名捺印されたバージョンのものを入手すべきである。さらに，契約に種々の別紙（英文契約ではExhibitやAttachmentなどの名称のものがみられる）が添付されていることも

7　ただし，無効審判があった場合，特許は遡及的に無効となるものとされているが，すでに支払済みのライセンス料の返還を求められるかについては，別途検討を要し，契約上明記しておいたほうが望ましい。

8　日本の独禁法との関係では公正取引委員会・前掲注1）指針第4の4(7)参照。

あるが，その場合にはこれらすべてを入手すべきである。別紙であれ，相手方の債務不履行のヒントになる重要な情報が記載されていることもあり得るためである。

また，ライセンスされている知的財産権の最新の権利状況についても確認すべきである。例えば，権利存続期間を満了していないか，権利維持のための手続は履践されているか（特許権を維持するためには一定の期間ごとに年金を納付する必要がある），無効審判等の手続が提起されていないかといった点について，検討を開始する時点だけでなく，重要な判断を行う前には確認を行うべきである。

イ　スケジュールの管理

契約上，契約解消のために一定期間内に何かしらのプロセスを踏まねばならないこととされている場合，当然のことながら，そのスケジュールを意識して検討を進めることが必要である。

中でも，案件の大きさ等にもよるが，所管部門が多く関与しているような場合には注意が必要である。各部門の実務者ベースでも，意見の取りまとめに時間がかかる上，稟議が必要な内容である場合には，各部門で上席に説明するためのリードタイムも考慮に入れる必要がある（部門によって特有の「繁忙期」がある場合には，それも考慮に入れることが望ましい）。

特に，ライセンス契約によっては，自動更新とされており，かつ，更新後の契約期間が数年単位とされているような，解約が容易でない場合には注意を要する。契約条項に従った（つまり債務不履行等を理由としない）解約ができるならば，それに越したことがないのであり，可能な限りこれを利用すべきである。

仮に相手方（SUM社）に明白な債務不履行があったとしても，相手方が認めるとは限らないし（法的な理屈づけはともかくMT社の落ち度を主張してきて解約を認めないということも考えられないではない），相手方が債務不履行の存在を認めたとして，契約解消に至る程度のものであるかについても議論の余地があり得る。そのため，MT社としては，確実に契約解消ができるのか立場が不安定となり，これが解決するまでの間，契約解消を前提とした次のアクションを取ることが難しくなる。

上記事例でいえば，契約解消できるかどうかわからないうちから，BSS社との間で法的なコミットメントを伴う契約関係に入るのは消極的にならざるを得ないように思われる。このように，仮に結果として解約できたとしても，法的に不確実な状況に陥ってしまうことにより，事業にブレーキをかけ，結果として大きな損失を生じてしまうこともあり得るのである。

ウ　合意書の締結

可能な限り合意書を締結すべきである。契約解消の可否についてよほど強い対立が生じていない限り，相手方としても，清算された権利関係を書面化する要望はあり得ると思われる。

例えば，上記事例のようにライセンシーであるMT社が，契約期間の途中で契約を解消したい場合であって，相手方は契約解消に消極的であるようなとき，協議の結果，比較的早期の契約解消で妥結したとする。この際，MT社としては，早期契約解消によってもMT社には契約上も法律上も法的責任が生じないことを確認しておく意味において，早期契約解消について双方が了解したことを書面化しておく必要性がある。

他方，相手方としても，契約解消を認めた立場なのだから書面化する必要性は乏しいかというと，そうではない。仮に，MT社が早期解約を求めた理由について，事例において記載した事情の①や②のように，相手方の対応が必ずしもよくなかったということや，相手方がライセンスする特許の有効性に問題があるような場合を考えてみると，相手方にとっても，将来，MT社から，これらの点に起因して，MT社が被った損害の賠償であったり支払済みのロイヤリティの返還を求められるリスクも皆無ではなく，それらの請求を行わない旨を，MT社との間で確認しておく意義があり得るところである。

3．社内検討の進め方

(1) 関係部門・検討プロセス

はじめに，持ち込まれた案件を検討するに際して，「役者が揃っている」か，確認しておくことが重要である。

事業部は，契約解消を目指したい場合，契約の問題だとして法務部に案件を持ち込むかもしれないが，企業によっては，自社が保有する特許や他社から実施許諾を受ける特許について，知財部等で一元的に管理している場合もあり得，そのような場合には，そういった部門も初動の段階で巻き込んでおくことが考えられる。

特に，例えば本事例において，MT社は，SUM社から，日本での製造販売に関して特許のライセンスを受けているだけでなく，国外の重要拠点であるC国でも，当該国で最も重要な製品である基礎医薬品の主要製品の製造に必須な基本特許のライセンスを受けており，SUM社との紛争に発展すると，そちらの事業に深刻な影響を与えるといった場合も考えられないではない。知財部を関与させておけば，これを看過せずに適切な手段を選択できるかもしれない。

事業部・法務部以外の部署を巻き込む度合いはいろいろあり，適宜メールのCCに入れて情報共有だけ行ったり，打ち合わせにも「オブザーバー」という形で参加してもらったりする場合から，あるいは，案件を主導してもらい，法務部は法的観点からのサポートに徹するという場合もあり得る。複数部門が関与する場合，どの部門が主導するのかは，当該部門における重要性や，経緯をよく知っている部門はどこであるのか，あるいは各部門のリソースなどから自然に決まってくる場合も少なくないように思われる。

(2) 自社の獲得目標・法的ポジションの検討

今後の事業展開にとって支障となっているライセンス契約が存在している場合において，事業部より契約解消に関して相談が持ち込まれることもあれば，法務部の側から，契約解消を１つのオプションとして提案する場合も考えられる。

事業部であっても，ライセンス契約の詳細な条件を熟知しているとは限らず（例えば当初から関与していた関係者がすべて異動によって別部署におり，現在の担当者は着任したばかりであるような場合など），特にそのような場合には，法務部において，ライセンス契約やその締結経緯に関連する文書を読み込んだ上，事業部における認識を丁寧にヒアリングし，自社の置かれた法的なポジションを分析することが求められる。

その上で，仮に契約解消が法的に困難であっても，契約上の条項を根拠として協議に持ち込み，現在の条件からの改善を目指したり，将来しかるべきタイミングで解約することを容易にするような手立てを検討することも考えられる。

案件初動のタイミングで，事業部としてのニーズを把握するとともに，それだけでなく，以後，事業部における考えの軸がぶれないよう，きちんと事業部と握っておくことも重要である。事業部において重要な判断をしてもらう局面では，必要に応じ，担当者だけでなく，上席にも相談してみてほしいと水を向けることも考えられる。

(3) 契約解消に向けた交渉

自社が達成すべき目標や，その法的ポジションの分析が済んだ場合，目標達成のために必要なアクションを取ることになる。代理人を通じて交渉することもないではないが，健全なビジネスが営まれてきた間柄であれば，よほどのことがない限り，まずは事業部同士で協議をすることから始めることが多いように思われる。

もっとも，窓口としては自社の事業部（あるいは法務部）であったとしても，案件の重要性等によっては，かなり初期の段階から，社外の弁護士を関与させることも十分に考えられる。自社の法的ポジションの分析にあたって意見をもらったり，相手方に送付する通知の案をドラフトさせたり，レビューさせることが考えられる。特に，準拠法が海外となる場合や，契約言語が日本語や英語以外であるような場合には，当該国の弁護士に関与させることも多い。

相手方との交渉が進み，見解が平行線をたどり，紛争性を帯びていく場合には，弁護士による対応に切り替えたり，窓口としては自社企業であるが，海外の弁護士より取得した法的意見書を送付し，自社の主張を表明するようなこともある。案件の重要性や相手方の態度等に応じてケースバイケースで判断していくことになる。

4．合意書作成のポイント

最終的に，相手方との間で契約解消について見解の一致をみた場合には，交渉にあたって双方で検討した点のうち，合意に至った点は基本的にすべて書面化することが望ましい。合意すべき事項は，交渉経緯や案件の内容によって様々であるが，典型的に合意がなされる事項としては，①契約終了時期，②未払金・既払金の精算，③生産済み在庫の処理（ライセンスがないと販売できない場合がある），④中途解約に伴う違約金の有無・支払方法等，⑤競業禁止の有無・範囲・時期等，⑥授受された秘密情報の取扱い，⑦紛争解決方法，⑧清算条項，等々が考えられる。

5．契約書作成時の留意点

以上で触れたところとも重なるが，ライセンシー側として，契約解消の可能性も踏まえたライセンス契約のドラフティング・契約交渉にあたり，留意すべき点を振り返りたい。

まず，契約期間については，相手方の債務不履行の有無を問題にする必要がなく，期間満了による解約であれば，紛争に発展する可能性が低いことから，更新条件とあわせ，契約解消の観点からは重要なポイントとなる（ただし，継続的契約の解消にあたって問題が生じ得ることについて**本章第2**の継続的契約の法理に関する部分参照）。もっとも，自社が大きな投資をする場合には，簡単に契約解消されると困ることもあり，長期契約で，かつ解約しにくくすることが選択され得る。一方的に契約更新を拒めればよいが，契約更新の条件は双方同一条件とされることが比較的多いところ，実際上はそうもいかないこともあるだろう。契約期間とは少し観点が異なるが，例えば，「数年後の生産数量が一定数を下回った場合」などのように，契約締結の目的が達成できない（あるいは成就した）場合に契約が終了する，というアレンジは，双方にとって納得しやすいかもしれない。

次に，期間満了を伴わない解除の可能性を見据えて，相手方に負わせる義務は，履行の有無が客観的に判断できるような内容にするとともに，違反した場合の効果（つまり契約解除や違約金請求の可否）についてもできるだけ明確に規定すべきである。ライセンスの対象となる特許権についても，有効性についてライセンサーの表明保証を規定するだけでなく，さらに踏み込んで，特に重要な特許を列記した上で，表明保証違反の場合には解約できるようにすることも考えられる。ただし，あまりライセンシーの側から解約について注文をつけすぎると，ライセンサー側も幅広に解約権を留保したくなるかもしれない。

以上のような点から，ビジネス上の得喪や法的リスクの多寡を踏まえ，事業部との協議を通じて検討し，相手方と交渉していくことになろう。

第5　共同研究開発契約

古門先生　おや，暗い顔をされていますね。もしかして，また契約の解消の場面で悩まれているのでしょうか。

遠藤さん　そうなんですよ。最近契約解消の場面で悩む頻度が高すぎて，どうしちゃったのかな，うちの会社。

古門先生　そういう本ですからね。

遠藤さん　え？？

古門先生　いえいえ，何も。今回対象となるのは，どのような契約でしょうか。

遠藤さん　共同研究開発契約です。少し前から有望なスタートアップと協業していたのですが，ちょっと市場環境の変化もあって，その共同研究開発を中止したいと考えているんです。

古門先生　なるほど。先方と協議して，合意による解約を目指すことになるでしょうか。

遠藤さん　事業部はその方針のようです。ただ，解約するにしても，技術に関する機密情報や知的財産の取扱いをどうするのかなと思っていて。事業部からもそのあたりについて留意点を教えてほしいといわれています。

古門先生　たしかに，そのあたりはよく検討しておいたほうがよさそうですね。では，詳しいお話をお聞かせ願えますか。

【事例】

MT社は，2022年７月，A技術を用いた新製品Bの開発のために，A技術や関連技術の研究を行うスタートアップの革新技術株式会社（以下「革新社」という）との間で協議を行うこととした。MT社は，革新社との間で秘密保持契約を締結した上で，新製品Bの開発に向けて担当者同士で約１カ月半の間の協議を行い，A技術の改良のための共同研究開発（以下「本件共同研究開発」という）について詳細を合意した。

MT社と革新社は，主としてMT社が本件共同研究開発の資金を拠出し，革新社の従来の知見やノウハウをもとに，MT社と革新社の共同開発チームにより，2023年８月末までに研究開発を行い，新製品Bに搭載可能な形で，A技術の改良技術（A´技術）を開発することを合意し，2022年９月１日付で共同研究開発契約（以下「本件共同研究開発契約」という）を締結した。

2022年９月以降，革新社は，A技術に関する従来の知見やノウハウを共同開発チームに開示した。これらの知見やノウハウには，一般に公開されておらず，革新社が営業秘密と認識する情報も含まれていた。共同開発チームに属するMT社の従業員は，開示を受けた情報の取扱いに留意しつつ，研究開発を進めた。

2023年１月，MT社の経営層は，市場環境などが変わったことを受けて，新製品Bの開発を見送ることが適当であると判断するに至った。

その頃，MT社と革新社の共同開発チームは，A´技術について理論的な成果を得られており，その成果について共同して特許出願を行っているところであった。また，本件共同研究開発においては，未だA´技術の実装に向けての課題が残っていた。

MT社の法務部としては，本件共同研究開発を中止するために，どのような対応をとるべきであるか。

【事例のイメージ】

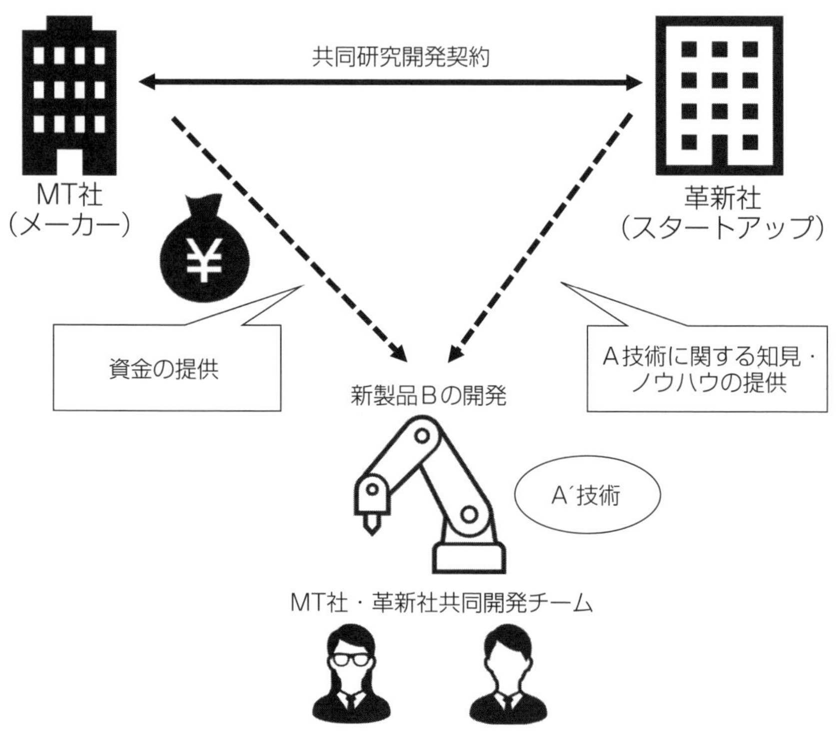

1．はじめに

本件は，共同研究開発を中断する場面で，契約の解消が問題となるケースである。

共同研究開発の解消にあたっては，契約解消の根拠となる契約内容を確認しつつ，特に秘密保持の観点から事後的にトラブルが生じないように，よく当事者間で協議することが必要となる。また，出願した特許の処理など，共同研究開発で得られた情報，技術，権利等の取扱いについても，必要な範囲で取り決めておく必要がある。

以下では，本件における主要な論点となる法的問題について解説した上で，MT社として考えられる対応方針等について解説を行う。

2．前提の整理

(1) 共同研究開発契約とは

まず，本件で問題となっている共同研究開発契約について，一般的な知識や前提を確認する。

一般に，共同研究開発契約とは，複数の企業等が共同して，新たな製品や技術の研究開発を行うことをいう。

共同研究開発を行う動機は各社様々であるが，前記の事例に挙げたように，スタートアップ企業や大学などの研究機関が有望な技術や知見を保有している場合に，大企業が資金面でのバックアップや製品への実装に向けての知見やノウハウを提供するなどして，両者の知識経験を集約して新たな製品・技術の研究開発を行うという例も多くみられる。

また，昨今の技術の目覚ましい革新や業種の垣根を超えるようなビジネス領域の創造という観点からも，異業種間における共同研究開発というのも，今後ますます活発になるものと思われる。

共同研究開発に際しては，一般に，以下のようなプロセスが想定される。

① 共同研究開発候補の探索
② 共同研究開発に向けた協議（秘密保持契約の締結）
③ 技術に関する検証（PoC（技術検証）契約など[1]の締結）
④ 共同研究開発契約の交渉・締結
⑤ 共同研究開発の実施
⑥ 共同研究開発成果の権利化・利用

1 Letter of Intentやフィージビリティ・スタディ契約が締結されることもある。

(2) 共同研究開発のモデル契約書

昨今の技術の急速な進展に照らし，自社のみの研究開発では限界があることから，事例にあるようなスタートアップとの協業により研究開発を推し進めるなど，オープンイノベーションの取組みが多く行われている。

共同研究開発については，2020年６月30日に，経済産業省と特許庁において，「研究開発型スタートアップと事業会社のオープンイノベーション促進のためのモデル契約書ver1.0」が取りまとめられており，2022年３月18日にはver2.0およびモデル契約書（大学編）が公表されている。これらのモデル契約書（以下「モデル契約書」という）は，共同研究開発の契約実務において参考となるものである。

以下では，モデル契約書の考え方や整理に沿って，共同研究開発の際に締結される契約について概観する。

【参考】モデル契約書のスコープ[2]

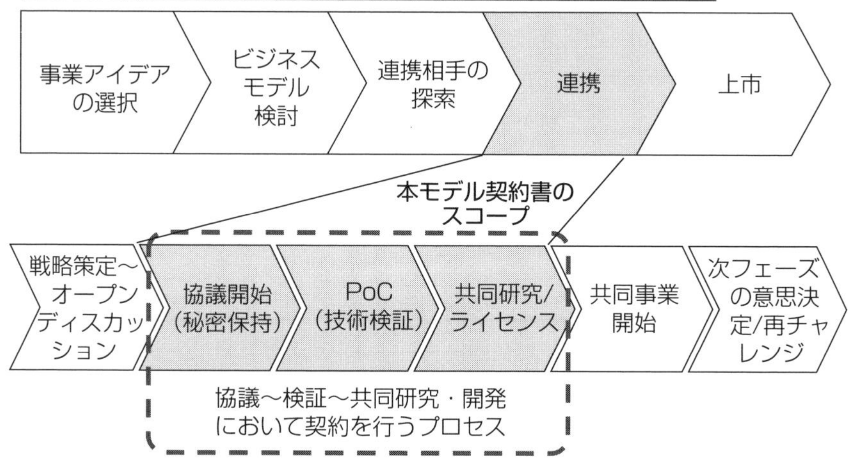

2 「オープンイノベーションを促進するための技術分野別契約ガイドラインに関する調査研究」委員会「モデル契約書ver1.0の公表について」（令和２年６月30日）。

ア　秘密保持契約[3]

共同研究開発を開始する際は，開発前に，各当事者がすでに保有している従来の技術情報（バックグラウンド情報）の開示が行われる。

共同研究開発契約を締結するにあたっては，①開示するバックグラウンド情報の範囲を自ら決定できるようにしておき，②開示したバックグラウンド情報の相手方における扱い（秘密保持義務，目的外使用禁止義務，出願禁止義務等）を定めておくことが重要である[4]。

このように，共同研究開発を行うために，お互いの技術資料や情報を開示するにあたり，意図しない営業秘密やノウハウの流出を避けるために，秘密保持契約を締結することが必須となる。

秘密保持契約において，秘密情報は定義された目的の範囲でのみ使用等が認められる。したがって，まず，必ず具体的に目的を定めることが重要となる。

秘密情報の定義においては，その広狭が問題となる。基本的には，開示者は秘密情報を広く定義すべきであり，受領者はその逆である。また，情報の管理コストを考えると，とにかく常に秘密情報を広く定義すればよいというものではなく，秘匿すべき情報の秘密管理の実施度合いも考慮して，秘密情報の範囲を設定するのがよい。

秘密保持契約を締結するにあたり，法務の担当として，最初に行うべきは対象となる技術や研究開発の方向性，将来のビジネスに関する背景事情等のヒアリングである。

背景事情を理解することにより，①もっぱら自社が情報を開示すること（開示者）になるのか，②もっぱら自社が情報を受領すること（受領者）になるのか，③両者が相互に情報を開示し合うことになるのかという点についておおよその理解をすることにつながる。①ないし③のいずれかであるかによって，秘密情報の範囲設定等が変わってくる。

3　特許庁「オープンイノベーションポータルサイト」にモデル契約やその解説が掲載されているので，参照されたい。

4　特許庁「知財を使った企業連携４つのポイント」（2018年６月作成）10頁。

また，協議の開始前に，そもそもの前提として自社の秘密情報管理を徹底すべきである。少なくとも，自社の技術情報等について，①秘密保持契約なしで開示等できる情報，②秘密保持契約締結後に開示等できる情報[5]，③いかなる状況であっても開示等しない情報（門外不出のコア技術情報）というように，ある程度に区分しておくと有用である。

以下では，モデル契約書のうち秘密保持契約書（新素材編）を参照しつつ，秘密情報の定義の記載例を示す。以下のとおり，秘密情報の定義の仕方については，開示した情報の一切を秘密情報とするパターン（その１：無限定），開示された情報のうち，秘密である旨が物理的に表示されたものに限って秘密情報とするパターン（その２：要秘密指定），開示された情報のうち，秘密である旨が物理的に表示されるか，無形の方法による開示の場合は事後に秘密である旨を指定されたものに限って，秘密情報とするパターン（その３：事後指定あり）などが考えられる。

【参考】 秘密情報の定義（その１：無限定）

第○条

本契約において「秘密情報」とは，本目的のために，文書，口頭，電磁的記録媒体その他開示の方法及び媒体を問わず，また，本契約の締結前後にかかわらず，一方当事者（以下「開示者」という。）が相手方（以下「受領者」という。）に開示した一切の情報，本契約の存在及び内容，当事者間の協議・交渉の存在及びその内容，及びこれらを含む記録媒体，並びに素材，機器及びその他有体物をいう。

5　秘密保持契約締結後に相手方に提供する情報に関しても，できる範囲でブラックボックス化（ノウハウとして秘匿）して手元に置いておき，開示情報のみでは技術を流用できないようにしておくとよい（前掲注４）特許庁「知財を使った企業連携４つのポイント」６頁）。

【参考】 秘密情報の定義（その２：要秘密指定）

> 第○条
> 本契約において「秘密情報」とは，本目的のために，開示者が受領者に対して，秘密である旨を明示して開示した情報，及び当該情報を含む記録媒体，並びに素材，機器及びその他有体物をいうものとする。

【参考】 秘密情報の定義（その３：事後指定あり）

> 第○条
> 本契約において「秘密情報」とは，開示者が受領者に対して開示した情報，及び当該情報を含む記録媒体，並びに素材，機器及びその他有体物のうち，書面又は電磁的記録（以下「書面等」という。）により開示する場合には，当該書面等上に秘密である旨を明示して，口頭その他無形の方法により開示する場合には，開示の時から 14 日以内に書面等により当該情報の概要，開示者，開示日時を特定した上で秘密である旨通知されたものをいう。

秘密情報の定義において，秘密指定を必要とする場合には，秘密としての指定が漏れることがないように留意が必要である。秘密保持をめぐる事後的なトラブルを防ぐため，共同研究開発にあたっては，必要に応じて締結した秘密保持契約の中身を随時確認し，秘密情報を開示する際の手順・方法を確認することが重要である。

また，相手方から受領した秘密情報については，自社で保有する他の技術情報等と区分して管理し，他社の営業秘密として厳重に管理することが必要である。他社の営業秘密についても，自社の営業秘密と同様に管理すべきであり，基本的には，営業秘密として特に厳重に管理する情報とその他の情報を区分し，情報のアクセス者を限定した上で，営業秘密情報の記載された書類や媒体等に秘密である旨の表示を付すなどして，その書類，媒体，電子ファイル等に営業秘密が記録されていることを客観的に認識できるようにすることが望ましい[6]。さらに，人的な管理として，秘密保持に関するルールの策定や，継続的な教育・研修の実施，秘密保持の誓約書の締結等の措置を講じることも重要である。

加えて，自社の秘密情報をどの範囲で開示したのかという点についても，後に秘密情報の流出等があった場合に備えて，具体的にいつ，どのような方法で，誰に対し，どの資料等をどのような態様で開示したのかという点について，記録しておくべきである。

秘密保持契約では，前記のような方法で秘密情報を定義した上で，その秘密情報から一定の情報を除外する例外規定を設けることが一般的である。除外する情報については，すでに自社で保有していた情報や公知情報など，実務上ある程度定型化されており，以下のような記載例が考えられる（なお，以下に掲げる記載例の文案は，上記の秘密情報の定義の条項の次に記載されるイメージである）。

【参考】 秘密情報の例外

> 2　前項（筆者注：秘密情報の定義の条項）の定めにかかわらず，受領者が書面によって立証できる場合に限り，以下の情報は秘密情報の対象外とする。
>
> ⅰ. 開示を受けたときに既に保有していた情報
>
> ⅱ. 開示を受けた後，秘密保持義務を負うことなく第三者から正当に入手した情報
>
> ⅲ. 開示を受けた後，相手方から開示を受けた情報に関係なく独自に取得し，又は創出した情報
>
> ⅳ. 開示を受けたときに既に公知であった情報

6　経済産業省「営業秘密管理指針」（最終改訂平成31年１月23日）参照。

v．開示等を受けた後，自己の責めに帰し得ない事由により公知となった情報

ここで重要なのは，契約締結前にすでに自社が保有していた情報が「①開示等を受けたときに既に保有していた情報」であることを証明できるかという点である。その点について証明ができないと，契約締結後において，開示等された情報に関する技術がどちらのものかという点について，争いが発生するリスク（技術のコンタミネーションリスク）がある。

そのため，技術情報の開示後に，秘密保持の対象となる技術とそうでない技術の線引きができない可能性があるときは，秘密情報を開示し合う前に，保有技術を特許出願しておくことで自社の保有技術を明らかにしておくことや，開示せずに厳格に社内で管理しておくことが考えられる。このほか，秘密情報の開示後に自社保有情報との重複があった場合には，その旨を相手方に速やかに伝えて，秘密情報から除外されることを相互に確認し合うなど，秘密情報がそうでない情報と混ざらないように，共同研究開発では常に留意すべきといえる。

例外の定義も含め，秘密情報の定義ができれば，秘密情報を承諾なく漏えいしてはならない旨の秘密保持の義務を受領者に負わせ，目的外使用を禁じることが一般的である。

また，秘密情報の取扱いについては，秘密保持契約の終了の場面などを想定して，以下のように秘密情報の破棄・返還に係る規定が設けられることが一般的である。

本件の事例のような契約の解消の際には，秘密情報をどのように取り扱えばよいのかという点を確認するために，契約終了の際の秘密情報の取扱いについて定めた秘密保持契約の該当条項を精査する必要がある。

【参考】 秘密情報の破棄・返還

> 第○条
>
> 受領者は，本契約の有効期間中であるか，本契約終了後であるかを問わず，開示者からの書面による請求があった場合には，自らの選択及び費用負担により，受領者又は受領者から開示等を受けた第三者が保持する秘密情報を速やかに破棄又は返還するものとする。
>
> 2 受領者は，開示者が秘密情報の廃棄を要請した場合には，速やかに秘密情報が化体した媒体を廃棄し，当該廃棄にかかる受領者の義務が履行されたことを証明する文書の提出を開示者に対して提出するものとする。

イ PoC契約[7]

技術検証（PoC）契約は，共同研究開発段階に移行するか否かを検討するに際して，特定の新規技術の開発可能性などを検証するための契約として締結される。共同研究開発にあたりPoC契約が必須というわけではないものの，新規技術の導入にあたり，そのPoC契約を締結してその技術の有用性を検証した上で，本開発に移行するというステップを踏むことがある。

PoC契約では，自らが開示した技術情報について，相手方による流用を防ぐために，技術検証の目的や内容を特定し，目的外利用を防ぐことが重要である。また，この過程で得られた知的財産権の帰属について，事後のトラブルを防ぐために，契約書で明確に規定しておくことが肝要である。

この**第5**の末尾では，参考として，モデル契約書を参考に，PoC契約の一般的な契約書のひな形を示す。モデル契約では，PoC契約を，技術検証事務の委託としての準委任契約であるとの立場をとっている。

なお，PoC契約には秘密保持条項を設けず，PoC契約に先立って締結した秘

---

7 モデル契約書_PoC契約書ver2.0（新素材編）参照。PoC（Proof of Concept）は後記**第7**も参照。

密保持契約を引き続き存続させるケースもあるが，モデル契約書では，PoCのフェーズでは秘密情報の対象について具体的な情報整理が進んでいると想定し，PoC契約の秘密保持条項が締結済みの秘密保持契約を上書きするという整理にしている（後記同契約のモデル書式・8条10項参照）。

ウ　共同研究開発契約[8]

㈠　共同研究開発のテーマ

共同研究開発では，まず大前提として，テーマを定める必要がある。共同研究開発のテーマの定め方は，知的財産権の取扱いや競業避止の範囲等に影響することになる。

すなわち，共同研究開発の目的たるテーマ（対象技術）は，共同研究開発契約の適用範囲を画するものであるため，その設定にあたっては，その内容を正しく言語化し，広狭を含め，どのように特定するかという点を慎重に検討する必要がある。

共同研究開発のテーマの定義が広すぎると，例えば不当に広範囲の競業避止義務が課されることにつながり，その後の他の研究領域について活動の制限が発生するリスクがある。他方で，共同研究開発のテーマの定義が狭すぎると，実際は共同研究開発の成果であるにもかかわらず，契約の適用外となってしまい，当該成果に関して勝手に特許出願をされてしまう等の弊害を生じる可能性がある。さらに，研究の範囲が微妙に変化するたびに，新たに契約を締結する必要が生じることになり，無用に契約コストが増加するというリスクもある。

そのため，共同研究開発のテーマは，契約書において実態に即し適切に定義することが極めて重要となる。

㈡　成果物の帰属・利用

共同研究開発契約において重要な条項の１つとして，成果物の帰属や利用に関する条項がある（後記同契約のモデル書式・７条参照）。

まず，成果物をどのような形で特定するのが適切かという点については，具

8　特許庁「オープンイノベーションポータルサイト」の各モデル契約書参照。

体的な共同研究開発の内容に応じて定める必要がある。成果物は，財産的価値のあるものを広く含めることが考えられ，その中には，必ずしも特許法上の発明のようなポジティブな情報だけではなく，失敗データのようなネガティブな情報も含まれ得ることに注意が必要である[9]。共同研究開発の成果物は，一般には，共同研究開発の所産としての発明等の知的財産権や情報であるが，試作品等の有体物が含まれることもある。

次に成果物の帰属について，明確に定めておくことが何より重要である。成果物の帰属が曖昧なまま研究開発を進めてしまうと，その成果物の帰属や利用方法をめぐってトラブルになりやすい。

成果物たる知的財産権の帰属の決定方法については，大別して，①誰が発明したかを問わず，いずれかの当事者に単独帰属させる，②すべて当事者間の共有，③当該知的財産等を発明，考案等した当事者に帰属，④当事者間で都度協議という４つのパターンに分類できる。このほか，事情によっては，当事者と第三者の共有にするパターンや，①～④を組み合わせるケースもあり得る。いずれのパターンを採用するかは，契約当事者間で協議し，決定することになる。

成果物たる知的財産権を共同研究開発の当事者の共有にするという②のパターンは，当事者間で公平な取決めであるためよくみられるが，例えば特許を受ける権利が共有となる場合には単独で特許出願することができなくなるなど（特許法38条），成果物を共有とすることによる制約があり得るため，その後の成果物の活用についても考慮に入れた上で，知的財産権の帰属について決するべきである。なお，成果物としての特許権を共有とした場合，当事者各自はその特許技術を自由に使用することはできるが，特許権の譲渡や質権設定，ライセンスについては，他の共有者の同意を得ずに行うことはできない（特許法73条）。共有関係を解消するためには，当事者間で協議の上どちらか一方に帰属させること等とするか，民法256条１項に基づく分割請求をすることになる。

次に，成果物の帰属のみならず，その利用についても，共同研究開発契約で

9　阿部・井窪・片山法律事務所編『契約書作成の実務と書式―企業実務家視点の雛形とその解説〔第２版〕』（有斐閣，2019年）461頁。

そのルールを定めておく必要がある。後記のモデル書式では，成果物についてのライセンスについても共同研究開発契約において定めているが，共同開発から製品販売までに長期間を要するケースの場合などには，将来のライセンス条件まで共同研究開発契約で取り決めることが難しい。そのため，そのような場合には，特許権等のライセンスにかかる詳細な取決めは，別途ライセンス契約として締結することで，共同研究開発の契約をシンプルにすることも考えられる。

このほか，成果物の帰属・利用にあたり，自社よりも劣位の立場にある相手方（例えば大企業に対峙するスタートアップ企業）にあまりに一方的に不利益な契約内容とすると，独禁法における優越的地位の濫用（同法２条９項５号）に該当するリスクがあるため[10]，交渉格差がある当事者間の共同研究開発契約においては留意が必要である。また，自社より劣位の立場にある相手方でなかったとしても，成果物を利用した製品の第三者への販売価格を制限するなど，成果物の生産や販売等を制限するような条件を付加することは，独禁法19条で禁止される不公正な取引方法（例えば一般指定12項（拘束条件付取引）等）に該当し得るため[11]，留意すべきである。

㈴　秘密保持義務等

バックグラウンド情報の整理や秘密保持義務の定め方については，前記**２⑵ア**の秘密保持契約について述べたとおりである。

なお，前記のPoC契約と同様に，共同研究開発契約において秘密保持条項を設けずに，締結済みの秘密保持契約を適用するという方法もあり得る。

実務上，秘密保持契約にも共同研究開発契約にも秘密保持義務を定めるという例も散見されるが，相互に矛盾した規定が併存することにならないように，いずれかに統一するほうが望ましい。

10　公正取引委員会・経済産業省「スタートアップとの事業連携に関する指針」（2021年３月29日公表）15～16頁。

11　公正取引委員会「共同研究開発に関する独占禁止法上の指針」（平成29年６月16日改定）第２の２⑶イ，ウ。

ちなみに，当事者が第三者との間で秘密保持義務を負っている情報については，共同研究開発において相手方に開示できないため，そのような情報はそもそも相手方への開示を行わないように留意する必要がある。

㈤　競業避止義務

共同開発の相手方が，第三者や相手方のグループ企業と，同一または類似のテーマでの共同開発を行うことを認めると，自己との共同開発で得られた知見の流用，相手方の研究開発リソースの分散，成果帰属の紛争等が生じる可能性があることから，共同研究開発契約において，第三者との間で同一または類似のテーマで共同開発することを禁止する競業避止義務条項が設けられることがある（後記同契約のモデル書式・13条参照）。

事後的な紛争を避けるためには,禁止する範囲について「類似（のテーマ）」などの曖昧な表現を避けるべきであり，可能な限り具体的に技術内容で特定することが適切である。競業避止義務を設定される立場からすると，禁止範囲や期間が広範に設定されると，将来にわたって他社との連携ができなくなるなどの大きな不利益となる可能性があることから，その範囲や期間について十分に検討し，相手方と協議すべきである。

競業避止義務の範囲を過度に広範にして，共同研究開発とは関係のない技術開発についてまで制限することは，独禁法の観点から違法となるおそれがあるため（同法19条，一般指定12項等）[12]，留意を要する。

なお，仮に契約上で禁止されていなかったとしても，情報の流用や成果物の帰属等をめぐるトラブルを避けるためには，共同研究開発と並行して同一または類似の情報や技術に関する研究開発を行う場合には，別の担当者によるチームで実施すべきである。

⑶　トラブル事例

共同研究開発契約は，その性質上，例えば売買契約などと異なり，契約の対

12　前掲注11）「共同研究開発に関する独占禁止法上の指針」第２の２⑴ウ。

象や期間，具体的な履行完了までの工程について，契約締結時にすべて詳らかにすることはできず，不確実性がつきものである[13]。そのため，共同研究開発が頓挫した場合に，それが当事者一方の不履行によるものなのか，未知の要素等による不確実性がもたらしたやむを得ない帰結なのか，明らかでない場合もある。

このように共同研究開発契約は，契約締結時点で予測しきれない事柄も多いことから，共同研究開発の頓挫や解消の場面で，当事者間に原因等をめぐってのトラブルが起きることも珍しくない。

そのため，後記のモデル契約書のような形で共同研究開発契約を締結した後も，研究開発の進捗や変更に応じて，適時に変更契約や覚書等を締結することにより，共同研究開発の範囲を修正することとし，契約と実態が乖離しないようにしておくことが望ましい。特に共同研究開発のプロジェクトが頓挫しそうな局面では，事後的な紛争を防ぐためにも，当事者間で協議しながら出口プランを検討し，成果物たる知的財産権に対する処理も含めて合意を形成しておくことが肝要である。もちろん，そのような合意を適切な書面の形式で残すことは必須であり，その際には法務のサポートが必要になる。

以下では，共同研究開発契約の解消の際に特に留意すべき知的財産権の成果の帰属について，大阪地判平成20年８月28日（平成20年(ワ)第8248号）（ツインカートリッジ事件）（以下「本判決」という）を紹介しながら，解説を行う。この裁判例は，共同研究開発契約ではなく，一方当事者から他方当事者に対する開発委託の契約トラブルに関する件ではあるが，契約の解消に際して知的財産権の処理をめぐり揉めたケースであり，共同研究開発においても示唆に富む事件である。

ア　事　案

原告が被告に対し，発明の名称を「ツインカートリッジ型浄水器」とする特許権（以下「本件特許権」という）に基づき，被告の製造する製品の販売の差

13　高橋利昌「共同研究開発をめぐる裁判例の分析」判タ1407号25頁（2015年）参照。

止めや損害賠償を請求した。

原告は，浄水器に関する開発委託契約（以下「本件開発委託契約」という）を被告と締結していたが，その契約において被告の債務不履行があったため，同契約を解除したと主張した。被告は，債務不履行の存在を争った（争点１：契約終了の有無）。

また，被告が，原告の訴えに対し，本件特許権は，本件開発委託契約に定められた共同出願条項（以下「本件共同出願条項」という）に違反して出願・登録されたものであるとして，特許法123条１項２号，38条の無効理由がある[14]と主張したところ，原告は，本件開発委託契約の解除により本件共同出願条項も遡及的に失効したため，原告による単独出願は共同出願義務違反に該当しないと反論した（争点２：契約終了により遡及的に消滅する権利・義務の範囲）。

イ　裁判所の判断

(ア)　争点１：契約終了の有無

まず，本判決は，債務不履行に基づく解除の要件は満たさないとした上で，当事者双方が合意により解約したことは争わないことを認定し，少なくとも本件開発委託契約はすでに終了していることを認定した。

(イ)　争点２：契約終了により遡及的に消滅する権利・義務の範囲

本判決は，本件特許権が，本件共同出願条項に違反して出願・登録されたものであるかという争点について，以下のように述べた（下線は筆者が付した）。

「次に，本件合意解約により，本件開発委託契約がどの範囲で消滅したものであるか，とりわけ本件共同出願条項もともに失効したのか否かが問題となる。これは，基本的には，本件合意解約で表された原告と被告の意思表示をどのように解釈するかの問題である。特定の契約を合意解約する際に，同契約中の一部の合意を存続させるにはその旨の合意をするのが通常であり，そのような特

14　特許を受ける権利が共有となる場合に，共有者との共同により出願する必要があるが，これに反して出願された特許については，特許法123条１項２号により，無効審判請求をすることができるとされている。

段の合意がない限りは，当該契約の全部を消滅させることが合意されたものと解釈すべきである。しかし，合意解約の対象となった契約中に契約の終了後も特定の条項の効力を存続させる旨の条項が存する場合には，その条項の適用を特に排除する合意をするなど特段の事情が認められない限り，同条項に従って契約を終了させるとの合意がされたものと推認するのが，当事者の通常の合理的意思に合致するものというべきである。

これを本件についてみるに……同条項の趣旨に照らせば，本件開発委託契約終了後も本件共同出願条項の効力が維持されるとの同契約８条２項の規定は，まず，開発委託業務が完了するなどその目的を達して委託業務が終了した場合を想定したものであると考えられる。」

つまり，本判決は，本件合意解約に係る当事者の意思表示を合理的に解釈すれば，本件共同出願条項は解約によっても消滅しないと判断した。そうすると，本件特許は，本件開発委託契約の終了後も有効に存続する特許法38条（共同出願義務）に違反してされたものであるということになるから，本判決は，本件特許権が，共同出願義務違反に基づき特許法123条１項２号により無効とされるべきものであると判断した。

なお，本件特許権については，無効審判請求もされており，当該審決の取消請求事件（知財高判平成20年10月28日判タ1281号303頁）において，知財高裁も，合意解約にあたっての当事者の合理的な意思解釈として，本件特許権にかかる出願時に本件共同出願条項は存続していたと判断し，本件特許権について無効理由があると結論づけた。

ウ　解　説

本判決は，契約の締結や終了に際しての当事者間での合意内容をもとに，その合理的な意思解釈として，開発の成果物である知的財産権（特許を受ける権利）の取扱いについて判断を示したものである。

本判決は，本件共同出願条項が，原告・被告双方が開発に寄与していることにかんがみて，開発成果に対する利益を公平に分配する趣旨の規定であるとし，双方の寄与の下で予定どおり開発委託業務が完了した場合には，本件開発委託契約に記載のとおり，本件共同出願条項が残存するものと解釈した。その上で，本判決は，当事者間で合意解約をする際に，本件開発委託契約の残存条項（8条2項）の適用を排除する旨の特段の合意をしたとは認められないため，本件開発委託契約で合意したとおり本件共同出願条項に基づく義務は残存していると判断した。

本判決からは，まず，開発委託や共同研究開発の契約を解消するに際し，その成果物である知的財産権の取決めがどのようになっているか（取決めがなされているか，その取決めは契約終了後にも残存するか）ということを事前によく確認することの重要性がみてとれる。

次に，実際に成果物が完成した段階になって，契約を解約したとしても，成果物に対する取決めが白紙になるわけではないということである。本判決の事案では，残存条項（8条2項）があったため，本件共同出願条項が契約終了後も残存することは比較的明らかであった。他方で，仮に残存条項の定めがなかったとしても，本判決のように発明に契約当事者双方が寄与しているような事案で，開発成果を当事者の共有とする契約であれば，合意解約したとしても，当然に一方当事者である原告に特許を受ける権利が帰属するということにはならない。

そのため，開発委託や共同研究開発の契約を解消する場合には，その後の知的財産権の活用も見据えて，権利の帰属などについて，解約合意書において明確にしておくべきであるといえよう。

3．社内検討

MT社の法務部としては，まずMT社の共同研究開発チームや知財部などの関係部署の担当者と連絡をとり，本件共同研究開発のプロジェクトの進捗やステータスについて正確に確認する必要がある。その上で，プロジェクトを円満・円滑に終了させるためにはどのような方策をとればよいか，MT社の内部で協議を行う必要がある。

確認や協議にあたっては，本件共同研究開発契約の契約書や秘密保持契約書，その他の覚書等の革新社との間で交わした合意書面をすべて収集し，内容を確認する必要がある。

契約書面の確認に際しては，契約上の権利として中途解約をできるか否かを確認するとともに，成果物の帰属や競業避止義務についての取決めがどうなっているかなど，解消した後の権利義務関係で清算すべき事柄や取り決めておくべき事柄がないかという点を確認する必要がある。

特に知的財産権の帰属については，不明確になっているものがないか，解消後に不都合が生じないかという観点から慎重に確認すべきである。その前提として，共同研究開発チームや事業部サイドなどに，本件共同研究開発において得られた成果物の内容を確認し，共同で出願中の特許発明についてどのような取扱いを望むかという点をよく聴き取る必要がある。また，共同研究開発は，すでに述べたように一定の不確実性があるもので，研究開発が進むにつれて予想外の成果が得られている可能性もあるため，必要に応じて技術や開発のバックグラウンドについて理解しつつ，現況を正確に把握することが肝要である。

また，合意解約する際に，開示または受領した秘密情報をどのように処理するかという点についても，事業部サイドとともにあらかじめ協議しておくとよい。革新社の秘密情報を返却等するにあたり，事前にMT社内の革新社の秘密情報の管理状況もヒアリングしておくと有用である。

本件共同研究開発について，今後もA′技術のニーズがあり得る場合には，本件共同研究開発契約は終了とするのではなく，一時的に停止するという方策も考えられる。一時的な停止とした場合には，契約自体は終了せず存続していることから，契約当事者が本件共同研究開発契約を再開したい場合に，新たな契約を締結することなく，速やかに再開することが可能である。いったん契約を終了させてしまうと，再開する場合に，改めての条件交渉や契約締結の手間が発生するのみならず，社内的な説明もそれなりに必要になることも考えられる。

そのため，本件共同研究開発プロジェクトを解消するにあたり，今後の製品開発の見通しなども踏まえて，MT社としてはどのような方策が有効なのかという点も，事業部サイドなどとよく協議しておくべきである。

このほか，本件共同研究開発を早急に解除することを望むような場合には，革新社側に契約上の義務の不履行といえるような落ち度があるか否かという点も，確認しておくとよい。

【参考】 確認事項リスト（例）

- 本件共同研究開発の進捗・ステータスの確認
- プロジェクト解消に向けての事業部サイドの意向
- 本件共同研究開発の再開の可能性
- MT社が開示した秘密情報の有無や開示態様
- 革新社から受領した秘密情報の管理状況
- 本件共同研究開発の成果物の有無・内容
- 本件共同研究開発契約書等の契約書面のすべて
- 中途解約に関する取決めの有無・内容
- 革新社側の債務不履行の有無・内容
- 成果物の帰属や利用に関する取決めの有無・内容
- 特許申請など共同で権利化を行っている事項の有無・内容
- その他競業避止義務など事後的に事業の制約や紛争になりそうな事項

4．アクションプラン

(1) 事業部サイドでの協議

革新社側に債務不履行がなく，本件共同研究開発契約に中途解約の条項がない場合には，革新社側と協議し，合意による契約解消を目指すことになる。共同研究開発契約に任意解除の条項が設けられていない場合で，相手方に債務不履行事由がなければ，合意による解消を目指すことになるだろう。

合意により契約を解消するためには，革新社との良好な関係をなるべく保持して，真摯に協議を行うのがよい。そのため，直ちに法務部や外部弁護士などを協議の場に登場させるべきではなく，状況を常にみながら，まずは事業部サイドで協議を進めていくことが有効なケースも少なくない。

MT社の事業部サイドとしては，革新社に対し，率直に市場環境などの変化から新製品Bの開発を見送ることになったと伝え，本件共同研究開発の終了に向けて協議したいと伝えることになる。これに対し，革新社側が拒否反応を示す場合には，その理由を丁寧に聴き取った上で，例えばどういう条件であれば本件共同研究開発を終了することができるか，革新社側の意向を尋ねることが考えられる。

革新社側の懸念が経済的なことであれば，MT社から何らかの金銭的な補償をするという提案があり得るであろうし，革新社側の意向としてA´技術の実装も含めて研究開発を継続し，最終的にA´技術のライセンスやさらなる改良技術の開発などにつなげたいということであれば，そのような継続開発が可能な形で，中途解約の合意をすることが考えられる。

仮に，協議の結果，革新社も納得し，本件共同研究開発契約を解約するということにおおむね合意した場合には，権利帰属や秘密情報の処理も含め，清算に向けて双方の条件を細かく詰めていくことになる。

⑵ 法務部のサポート

合意解約を目指して，革新社との対応窓口を事業部サイドに委ねる場合，法務部としては，事業部サイドにおける協議の進捗を注視し，必要に応じて革新社との合意形成に向けて，助言を行うことになる。

革新社が契約解消に難色を示している場合には，事業部サイドから革新社側の懸念点を聞いた上で，そのような懸念を払しょくするような内容の合意ができないか，事業部サイドとディスカッションをすることも考えられる。

MT社と革新社の事業部サイドが両方見落としている事項（例：秘密情報に基づいてたまたま生じた発明の帰属に関する清算など）や整理が不明確となっている事項がないか，法務部としては解約合意の細目について慎重に確認すべきである。

このほか，知的財産権の将来の取扱い等に関し，疑問が生じた場合などには，必要に応じて，知財部に社内でのポリシーや取扱い等を確認したり，知的財産に関する専門の外部弁護士に相談したりするなどして，中途解約の合意によってMT社が後に窮状に立たされないように，法的な観点を踏まえて検討を進める必要がある。

⑶ 書面の作成等

革新社との間で，中途解約に向けて細目も含めて合意が形成できたら，それを「解約合意書」のような形で，必ず書面にして取り交わしておくべきである。

共同研究開発の終了に際しては，秘密情報の返却や廃棄等について，遺漏のないように処理する必要がある。例えば，MT社からも製品に関する秘密情報の開示がなされている場合などは，必要に応じて革新社に廃棄証明書の提出を求めることが考えられる。また，MT社内においても，革新社から開示を受けた革新社の秘密情報が記載された資料やデータ等の所在を網羅的に確認し，革新社との解約合意に沿って適切に返却処理等が行われるように，関係者に周知する必要がある。

また，仮に合意解約の後に，同一または類似のテーマについて第三者と改めて共同研究開発を行う可能性がある場合には，競業避止義務の条項が適用されないように，必要に応じて解約合意書で合意しておくべきである。

このほか，仮に係属中の特許出願について，特許を受ける権利にかかる共有持分を革新社からMT社に移転し，MT社単独の特許として取得することを目指す場合には，革新社の協力を得て，特許出願の名義人変更のための手続に必要な書面も準備しておくことなどが考えられる。

<コラム>　頭の中の秘密情報はどうなる？

本件共同研究開発で革新社から開示を受けた革新社の秘密情報について，その記録媒体等を革新社にすべて返却または廃棄したとしても，MT社でその情報に触れた技術者などは，その情報を頭の中からきれいに消し去ることができるわけではない。

そのため，秘密保持義務を契約終了後3年間残存させた上で本件共同研究開発契約を合意解約する場合には，MT社としては，革新社の秘密情報に触れた技術者が，合意解約後3年間，秘密情報を活用して別の研究開発を行わないように注意しなければならない。

そこで，技術者の頭の中にある秘密情報が不正に活用されないように，社内規程の整備や該当の技術者から秘密保持の誓約書の提出を求めることなどが考えられる。

しかし，どんなに秘密保持を該当の技術者に誓約させても，技術者の頭の中の情報を他の情報と区分することは不可能であるから，実際上は，革新社の秘密情報と関連するような研究開発（A′技術に関する研究開発）に，3年間は配置しないようにするのが安全な方法であるといえよう。

5．トラブルから振り返る契約締結時の留意点

仮に，市場環境の大きな変動により共同研究開発を中止する場合もあると見込まれる場合であれば，当初から，またはそのような変化が見込まれるようになった段階で，革新社と協議を行い，あらかじめ契約解消のプランについて合意をしておくことが考えられる。

革新社としても，事前にそのようなプロジェクト中止の可能性を理解すれば，中止後のプランも立てやすいし，それも踏まえた上でMT社と条件の協議ができる。

これに対し，革新社には中止の見込みを全く伝えていないような場合には，革新社としては本件共同研究開発を継続する前提で動いているため，突如として解約を持ちかけた場合に，難色を示すことが出てくる。プロジェクトの大き

さ次第では，スタートアップである革新社の事業の存続に悪影響を及ぼす可能性もあるため，革新社としても，容易には中止の協議に応じないことが考えられる。

ただ，すでに述べたとおり，共同研究開発には不確実性がつきものであるため，契約締結時にあらゆる可能性を織り込むことは難しく，当初は予期できなかった事情により契約の大幅な変更や解消をする場合には，やはり相手方との協議により解決するほかない。

そのため，共同研究開発契約では，契約締結時にすべて規定するというよりも，具体的な状況に応じた対応と無用なトラブルの防止という観点からの後処理（特に秘密情報や知的財産権に関する後処理）について，法務として柔軟なサポートを行うのがよいだろう。

また，他の契約類型でも同様であるが，相手方の債務不履行と思われる事柄やイレギュラーな発明など，共同研究開発契約に関して特異な事情があった場合には，それを適時に記録しておくことも有用である。

【参考】 PoC契約のモデル書式[15]

技術検証（PoC）契約書

MT社（以下「甲」という。）と革新社（以下「乙」という。）は，甲乙による開発対象となる製品又はサービスに対して，甲の開発した○○技術の導入・適用することに関する検証（以下「本検証」という。）に関して，本契約を締結する。

（目的）

第１条　本契約は，以下に定める対象技術を対象製品に対して導入・適用

15　特許庁「オープンイノベーションポータルサイト」掲載のモデル契約書等を参考に作成。

するための共同研究開発を甲乙が行うことの可否を判断するために行う技術検証（以下「本検証」という。）における甲と乙の権利・義務関係を定める。

対象技術：甲の開発した○○技術

対象用途：対象技術を○○に用いた新製品の開発（甲乙の共同開発行為以外には及ばない。）

（定義）

第２条　本契約において使用される次に掲げる用語は，各々次に定義する意味を有する。

①　本検証

第１条に定める甲の技術導入・適用に関する検証をいい，具体的な内容は別紙○に定める。

②　本報告書

甲が乙に提供する，本検証に関する報告書その他の資料をいい，具体的な作業内容は別紙○に定めるところとする。

③　知的財産権

知的財産基本法第２条第２項に定める権利及び外国におけるこれらに相当する権利をいう。

（本検証）

第３条　乙は，甲に対し，本検証の実施を依頼し，甲はこれを引き受ける。

２　甲は，本契約締結後３週間以内に，乙に本報告書を提供する。

３　本報告書提供後，乙が，甲に対し，本報告書を確認した旨を通知した時，又は，乙から書面で具体的な理由を明示して異議を述べることなく１週間が経過した時に乙による本報告書の確認が完了したものとする。本報告書の確認の完了をもって，甲による本検証にかかる義務の履行は完了する。

４　乙は，甲に対し，本報告書提出後１週間以内に前項の異議を述べた場合に限り，本報告書の修正を求めることができる。

5　前項に基づき，乙が本報告書の修正を請求した場合，甲は，速やかにこれを修正して提出し，乙は，修正後の本報告書につき再度確認を行う。再確認については，本条第3項及び第4項を準用する。

（委託料及び費用）

第4条　本検証の委託料は○万円（税別）とし，本契約締結時から○営業日以内に全額を，甲が指定する金融機関の口座に振込送金する方法により支払うものとする。振込手数料は乙の負担とする。

（甲の義務）

第5条　甲は，善良なる管理者の注意をもって本検証を遂行する義務を負う。但し，前条の委託料の支払を受けるまでは，甲は本検証に着手する義務，及びこれによる責めを負わない。

2　甲は，本検証に基づく何らかの成果の達成や特定の結果等を保証するものではない。

（共同研究開発契約の締結）

第6条　甲及び乙は，本検証から共同研究開発段階への移行及び共同研究開発契約の締結に向けて最大限努力し，乙は，本契約第3条第3項に定める本報告書の確認が完了した日から○ヶ月以内に，甲に対して共同研究開発契約を締結するか否かを通知するものとする。

（乙の義務）

第7条　乙は，甲に対し，本検証に合理的に必要な資料，データ，機器，設備等の提供，開示，貸与等その他本検証に必要な協力を行うものとする。

（秘密情報の取扱い）

第8条　甲及び乙は，本検証の遂行のため，書面，口頭，電磁的記録媒体その他開示の方法並びに媒体を問わず，また，本契約の締結前後にかかわらず，一方当事者（以下「開示者」という。）が相手方（以下「受領者」という。）に対して開示した一切のデータその他情報，素材，機器及びその他有体物並びに本検証によって得られた情報（本報告書に記載された情報を含む。）（別紙○に列挙のものを含む。以下「秘密情報等」という。）を秘密として保持し，開示者の事前の書面又は電磁的記録（以下「書面等」という。）による承諾を得ずに，第三者に開示又は漏えいしてはならないものとする。

2　前項の定めにかかわらず，次の各号のいずれか一つに該当する情報については，秘密情報に該当しない。

①　開示を受けたときに既に保有していた情報

②　開示を受けた後，秘密保持義務を負うことなく第三者から正当に入手した情報

③　開示を受けた後，相手方から開示を受けた情報に関係なく独自に取得し又は創出した情報

④　開示を受けたときに既に公知であった情報

3　受領者は，秘密情報について，事前に開示者から書面等による承諾を得ずに，本検証の遂行以外の目的で使用，複製及び改変してはならず，本検証遂行に合理的に必要となる範囲でのみ，使用，複製及び改変できるものとする。

4　受領者は，秘密情報について，開示者の事前の書面等による同意なく，秘密情報の組成又は構造の分析を行ってはならない。

5　受領者は，秘密情報を，本検証の遂行のために知る必要のある自己の役員及び従業員（以下「役員等」という。）に限り開示するものとし，この場合，本条に基づき受領者が負担する義務と同等の義務を，開示を受けた当該役員等に退職後も含め課すものとする。

6　本条第1項及び第3項ないし第5項の定めにかかわらず，受領者は，次の各号に定める場合，可能な限り事前に，かつ開示後遅滞なく開示者に通知することにより，当該秘密情報を開示することができるものとする。

①　法令の定めに基づき開示すべき場合

②　裁判所の命令，監督官公庁又はその他法令・規則の定めに基づく開

示の要求がある場合

③　受領者が，弁護士，公認会計士，税理士，司法書士等，秘密保持義務を法律上負担する者に相談する必要がある場合

7　本条第1項及び第3項ないし第5項の定めにかかわらず，甲及び乙は，相手方の事前の承諾なく，以下の事実を第三者に公表することができるものとする。

・甲乙間で，本検証が開始された事実

8　本検証が完了し，若しくは本契約が終了した場合又は開示者の指示があった場合，受領者は，開示者の指示に従って，秘密情報（その複製物及び改変物を含む。）が記録された媒体，並びに，未使用の素材，機器及びその他有体物を破棄若しくは開示者に返還し，また，受領者が管理する一切の電磁的記録媒体から削除するものとする。なお，開示者は受領者に対し，秘密情報の破棄又は削除について，証明する書面等の提出を求めることができる。

9　受領者は，本契約に別段の定めがある場合を除き，秘密情報の開示により，開示者の知的財産権を譲渡，移転，利用許諾するものでないことを確認する。

10　本条は，本条の主題に関する両当事者間の合意の完全なる唯一の表明であり，本条の主題に関する両当事者間の書面等又は口頭による提案，及びその他の連絡事項の全てに取って代わる。

11　本条の規定は，本契約が終了後もなお5年間有効に存続するものとする。

（本報告書等の知的財産権）

第9条　本報告書及び本検証遂行に伴い生じた知的財産権は，乙又は第三者が従前から保有しているものを除き，甲に帰属するものとする。

2　甲は，乙に対し，乙が本検証の遂行のために必要な範囲に限って，乙自身が本報告書を使用，複製及び改変することを許諾するものとし，著作者人格権を行使しないものとする。

（差止め・損害賠償）

第10条　甲及び乙は，本契約の履行に関し，相手方が契約上の義務に違反し又は違反するおそれがある場合，相手方に対し，当該違反行為の差止め又は予防及び原状回復の請求とともに損害賠償を請求することができる。

2　甲が乙に対して負担する損害賠償は，故意又は重大な過失に基づくものである場合を除き，本契約の委託料を限度とする。

（解除）

第11条　甲又は乙は，相手方に次の各号のいずれかに該当する事由が生じた場合には，何らの催告なしに直ちに本契約の全部又は一部を解除することができる。

①　本契約の条項について重大な違反を犯した場合

②　支払いの停止があった場合，又は競売，破産手続開始，民事再生手続開始，会社更生手続開始，特別清算開始の申立てがあった場合

③　手形交換所の取引停止処分を受けた場合

④　その他前各号に準ずるような本契約を継続し難い重大な事由が発生した場合

2　甲又は乙は，相手方が本契約のいずれかの条項に違反し，相当期間を定めてなした催告後も，相手方の債務不履行が是正されない場合は，本契約の全部又は一部を解除することができる。

（期間）

第12条　本契約は，本契約の締結日から○ヶ月，又は，第３条第３項に定める確認が完了する日のいずれか早い日まで効力を有するものとする。

（存続条項）

第13条　本契約が期間満了又は解除により終了した場合であっても本契約第５条第２項（甲の義務），第６条（共同研究開発契約の締結），第８条（秘密情報の取扱い）から第10条（差止め・損害賠償），本条から第15条（協議解決）の定めは有効に存続する。

（準拠法及び管轄裁判所）
第14条　本契約に関する紛争については，日本国法を準拠法とし，○地方裁判所を第一審の専属的合意管轄裁判所とする。
（協議解決）
第15条　本契約に定めのない事項又は疑義が生じた事項については，協議の上解決する。

【参考】　共同研究開発契約のモデル書式[16]

共同研究開発契約書

MT社（以下「甲」という。）と革新社（以下「乙」という。）は，本製品（第１条で定義する。）の研究開発及び製品化を共同で実施することについて，次のとおり合意したので共同研究開発契約（以下「本契約」という。）を締結する。

（目的）
第１条　甲及び乙は，共同して下記の研究開発（以下「本研究」という。）を行う。

記

①　本研究のテーマ：甲が開発した○○の技術を適用した○○（以下「本製品」という。）の開発
②　本研究の目的（以下「本目的」という。）：本製品の開発及び製品化

（定義）
第２条　本契約において使用される用語の定義は次のとおりとする。

16　特許庁「オープンイノベーションポータルサイト」掲載のモデル契約書等を参考に作成。

① バックグラウンド情報

本契約締結日に各当事者が所有している情報のうち，本契約締結後30日以内に，当該当事者が他の当事者に対して，概要を特定した上で，本研究に関連して必要な情報である旨を書面で通知した知見，データ及びノウハウ等の技術情報をいう。

② 本単独発明

特許又はその他の知的財産権の取得が可能であるか否かを問わず，本研究の実施の過程で各当事者が，相手方から提供された情報に依拠せずに独自に創作した発明，発見，改良，考案その他の技術的成果をいう。

③ 本発明

特許又はその他の知的財産権の取得が可能であるか否かを問わず，本研究の実施の過程で開発又は取得した発明，発見，改良，考案その他の技術的成果であって，前号に定める本単独発明に該当しないものをいう。

（役割分担）

第３条　甲及び乙は，本契約に規定の諸条件に従い，本研究のテーマについて，次に掲げる分担に基づき本研究を誠実に実施しなければならない。

① 乙の担当：本製品の設計，製作及び本製品の特性の評価

② 甲の担当：技術者の派遣。本製品の特性の評価への立会い

（スケジュールの作成）

第４条　甲及び乙は，本契約締結後速やかに，前条に定める役割分担に従い，本研究の担当業務についてのスケジュールをそれぞれ作成し，両者協議の上これを決定する。

２　甲及び乙は，前項のスケジュールに従い開発を進めるものとし，進捗状況を逐次相互に報告する。また担当する業務について遅延するおそれが生じた場合は，速やかに他の当事者に報告し対応策を協議し，必要なときは計画の変更を行うものとする。

（経費負担）

第５条　乙は，本研究を行うにあたって生じた経費（甲が費消した研究開発にかかる実費及び人件費を含む。）を，書面によって別途合意されない限り，全て負担しなければならない。

（情報の開示）

第６条　甲及び乙は，本契約締結後30日以内に，各自のバックグラウンド情報（若しくはその概要）を書面で相手方に開示し，特定しなければならない。

２　甲及び乙は，本契約の有効期間中，自己が担当する業務から得られた技術情報を速やかに相手方当事者に開示する。但し，第三者との契約により当該開示を禁止されているものについては，この限りではない。

（知的財産権の帰属及び成果物の利用）

第７条　本単独発明にかかる知的財産権は，その発明等をなした当事者に帰属するものとする。甲及び乙は，相手方に対し，各自の本単独発明にかかる知的財産権に基づき，相手方が本製品の設計・製造・販売をすることを許諾する。許諾の条件は別途協議の上定める。

２　甲は，乙に対し，下記の条件で乙が本研究の開始以前から甲が保有する別紙○に定める特許権に係る発明を実施することを許諾する。

記

ライセンスの対象：本製品の設計・製造・販売

ライセンスの種類：非独占的通常実施権を設定

ライセンス期間　：本契約締結日から～○年○月○日。但し，期間が満了する○日前までに，いずれかの当事者が合理的な理由（ライセンスの必要性が消失した場合を含むが，これに限られないものとする）に基づき更新しない旨を書面で通知しない限り，同条件で更に１年自動的に更新されるものとする。

サブライセンス　：原則不可。但し，○○に対するサブライセンスは可能。

ライセンス料　：ライセンス期間中に乙が販売する全ての本製品の正味販売価格の○％（外税）

地理的範囲　：全世界

3　乙は，甲に対し，本契約締結日以降，○○毎に，当該期間の本製品の販売状況（販売個数・単価，その他ライセンス料の計算に必要な情報を含む。）を当該期間の末日から15日以内に書面で報告するとともに，同30日以内に当該期間に発生したライセンス料を支払うものとする。

4　乙は第2項のライセンス料を甲が指定する銀行口座に振込送金する方法により支払う。振込手数料は乙が負担する。

5　本条のライセンス料の遅延損害金は年14.6％とする。

6　本発明にかかる知的財産権は，甲に帰属する。但し，甲が本契約第16条第1項第2号及び第3号のいずれかに該当した場合には，乙は，甲に対し，当該知的財産権を乙又は乙の指定する第三者に対して無償で譲渡することを求めることができる。

7　甲は，乙に対し，下記の条件で本発明を実施することを許諾する。

記

ライセンスの対象：本製品の設計・製造・販売

ライセンスの種類：本契約締結後○年間は独占的通常実施権を設定し，その後は非独占的通常実施権を設定する。但し，本契約締結後○年間を経過する前であっても，正当な理由なく乙が本発明を1年間実施しない場合には当該期間の満了時より，又は，乙が本発明を乙の事業として実施しないことを決定した場合には当該決定時より，非独占的通常実施権を設定する。

ライセンス期間　：本契約締結日から本発明にかかる知的財産権の有効期間満了日まで

サブライセンス　：原則不可。但し，○○に対するサブライセンスは可能。

ライセンス料　：無償

地理的範囲　：全世界

8　甲及び乙は，本研究の遂行の過程で発明等を取得した場合は，速やかに相手方にその旨を通知しなければならない。相手方に通知した発明が本単独発明に該当すると考える当事者は，相手方に対して，その旨を理由とともに通知するものとする。但し，○○の技術に関する発明については，本発明であると推定されるものとする。

9　甲は，自らの費用と裁量により，本発明について特許出願を行うことができる。但し，乙は，甲が特定の国に対して特許出願を行わない旨の意向を示した特定の発明について，乙がその費用を負担し，乙の名義で当該発明について又は当該国について当該特許出願をなすことにつき，甲に協議を求めることができる。

10　前項但書により乙が特許出願を行った場合においては，乙は，甲に対し，出願後○年間，当該発明の独占的実施権及び再実施権を無償で設定するものとし，その後は無償の非独占的通常実施権を設定するものとする。

11　甲及び乙は，相手方の同意なくして，相手方から開示を受けた技術情報（バックグラウンド情報を含む。）及びサンプル，本研究の遂行の過程で相手方が創作した本単独発明，考案又はその他の相手方が取得した技術情報若しくはノウハウについて，日本を含めたいかなる国にも特許，実用新案，商標，著作権又はその他のいかなる知的財産権も出願又は登録してはならず，いずれかの当事者がこれに違反した場合は，その違反した当事者に当該出願又は登録に関する権利又はその持分を無償で譲渡すべき旨を請求することができる。

12　甲及び乙は，本発明又は本研究の開始以前から甲が保有する別紙○に定める特許権に係る発明に改良，改善等がなされた場合，その旨を相手方に対して速やかに通知した上で，本条の定めを準用して当該改良，改善等に係る成果を取り扱うものとする。

（ライセンス料の不返還）

第８条　乙は，本契約に基づき甲に対して支払ったライセンス料に関し，計算の過誤による過払いを除き，ライセンスの対象となった特許の無効審決が確定した場合（出願中のものについては拒絶査定又は拒絶審決が確定した場合）を含めいかなる事由による場合でも，返還その他一切の請求を行わないものとする。なお，過誤による過払いを理由とする返還の請求は，支払後30日以内に書面により行うものとし，その後は理由の如何を問わず請求できない。

（不保証）

第９条　甲は，乙に対し，本契約に基づく本製品の製造，使用若しくは販売が第三者の特許権，実用新案権，意匠権等の権利を侵害しないことを保証しない。

2　乙は，ライセンスを受けている知的財産権が第三者に侵害されていることを発見した場合，当該侵害の事実を甲に対して通知するものとする。

（研究成果に対する対価）

第10条　本研究が所期の目的を達成した時は，乙は，甲に対し，下記の定めに従って研究成果に対する対価を支払うものとする。

記

①　本製品が別紙○所定の性能を達成した時：○円

②　本製品の試作品が完成した時点：
　　甲乙別途協議した金額（但し，○円を下回らないものとする。）

③　本研究の成果を利用した商品の販売が開始された時点：
　　甲乙別途協議した金額（但し，○円を下回らないものとする。）

（秘密情報の取扱い）

第11条　甲及び乙は，本研究の遂行のため（以下「本目的」という。），書面，口頭，電磁的記録媒体その他開示及び提供（以下単に「開示」という。）の方法及び媒体を問わず，また，本契約締結の前後にかかわらず，一方当事者（以下「開示者」という。）が相手方（以下「受領者」という。）に対して開示した一切のデータその他の情報，素材及び機器その他の有体物並びに本研究のテーマ，本研究の内容及び本研究によって得られた情報（別紙○に列挙のもの及びバックグラウンド情報を含む。以下「秘密情報」という。）を秘密として保持し，開示者の事前の書面又は電磁的記録（以下「書面等」という。）による承諾を得ずに，第三者に開示又は漏えいしてはならない。

2　前項の定めにかかわらず，次の各号のいずれか一つに該当する情報については，秘密情報に該当しない。

①　開示を受けたときに既に保有していた情報

②　開示を受けた後，秘密保持義務を負うことなく第三者から正当に入手した情報

③　開示を受けた後，相手方から開示を受けた情報に関係なく独自に取得し又は創出した情報

④　開示を受けたときに既に公知であった情報

3　受領者は，秘密情報について，事前に開示者から書面による承諾を得ずに，本目的以外の目的で使用，複製及び改変してはならず，本目的のために合理的に必要となる範囲でのみ，使用，複製及び改変できるものとする。

4　受領者は，秘密情報について，開示者の事前の書面による同意なく，秘密情報の組成又は構造の分析を行ってはならない。

5　受領者は，秘密情報を，本目的のために知る必要のある自己の役員及び従業員（以下「役員等」という。）に限り開示するものとし，この場合，本条に基づき受領者が負担する義務と同等の義務を，開示を受けた

当該役員等に退職後も含め課すものとする。

6　本条第１項及び第３項ないし第５項の定めにかかわらず，受領者は，次の各号に定める場合，可能な限り事前に，かつ開示後遅滞なく開示者に通知することにより，当該秘密情報を開示することができる。

① 法令の定めに基づき開示等すべき場合

② 裁判所の命令，監督官公庁又はその他法令・規則の定めに基づく開示等の要求がある場合

③ 受領者が，弁護士，公認会計士，税理士，司法書士等，秘密保持義務を法律上負担する者に相談する必要がある場合

7　本研究が完了し，若しくは本契約が終了した場合又は開示者の指示があった場合，受領者は，開示者の指示に従って，秘密情報（その複製物及び改変物を含む。）が記録された媒体，並びに，未使用の素材，機器及びその他の有体物を破棄若しくは開示者に返還し，また，受領者が管理する一切の電磁的記録媒体から削除するものとする。なお，開示者は受領者に対し，秘密情報の破棄又は削除について，証明する書面等の提出を求めることができる。

8　受領者は，本契約に別段の定めがある場合を除き，秘密情報の開示により，開示者の知的財産権を譲渡，移転，利用許諾するものでないことを確認する。

9　本条は，本条の主題に関する両当事者間の合意の完全なる唯一の表明であり，本条の主題に関する両当事者間の書面等又は口頭による提案その他の連絡事項の全てに取って代わる。

10　本条の規定は，本契約が終了後もなお○年間有効に存続するものとする。

（成果の公表）

第12条　甲及び乙は，前条で規定する秘密保持義務を遵守した上で，本研究開始の事実として，別紙○に定める内容を開示，発表又は公開することができる。

2　甲及び乙は，前条で規定する秘密保持義務及び次項の規定を遵守した上で，本研究の成果を開示，発表又は公開すること（以下「成果の公表等」という。）ができる。

3　前項の場合，甲又は乙は，成果の公表等を行おうとする日の30日前までに本研究の成果を書面にて相手方に通知し，甲及び乙は協議により当該成果の公表等の内容及び方法を決定する。

（第三者との競合開発の禁止）

第13条　甲及び乙は，本契約の期間中，相手方の書面等による事前の同意を得ることなく，本製品と同一又は類似の製品について，本研究以外に独自に研究開発をしてはならず，かつ，第三者と共同開発をし，又は第三者に開発を委託し，若しくは第三者から開発を受託してはならない。

（第三者との間の紛争）

第14条　本研究に起因して，第三者との間で権利侵害（知的財産権侵害を含む。）及び製造物責任その他の紛争が生じたときは，甲及び乙は協力して処理解決を図るものとする。

2　甲及び乙は，第三者との間で前項に定める紛争を認識した場合には速やかに他方に通知するものとする。

3　第１項の紛争処理に要する費用の負担は以下のとおりとする。

①　紛争の原因が，専ら一方当事者に起因し，他方当事者に過失が認められない場合は当該一方当事者の負担とする。

②　紛争が当事者双方の過失に基づくときは，その程度により甲乙協議の上その負担割合を定める。

③　上記各号のいずれにも該当しない場合，甲乙協議の上その負担割合を定める。

（権利義務譲渡の禁止）

第15条　甲及び乙は，互いに相手方の事前の書面による同意なくして，本契約上の地位を第三者に承継させ，又は本契約から生じる権利義務の全部若しくは一部を第三者に譲渡し，引き受けさせ，若しくは担保に供してはならない。

（解除）

第16条　甲又は乙は，相手方に次の各号のいずれかに該当する事由が生じた場合には，何らの催告なしに直ちに本契約の全部又は一部を解除することができる。

① 本契約の条項について重大な違反を犯した場合

② 支払いの停止があった場合，又は競売，破産手続開始，民事再生手続開始，会社更生手続開始，特別清算開始の申立てがあった場合

③ 手形交換所の取引停止処分を受けた場合

④ その他前各号に準ずるような本契約を継続し難い重大な事由が発生した場合

2　甲又は乙は，相手方が本契約のいずれかの条項に違反し，相当期間を定めてなした催告後も，相手方の債務不履行が是正されない場合は，本契約の全部又は一部を解除することができる。

（期間）

第17条　本契約の有効期限は本契約締結日から○年間とする。本契約は，期間の満了する○日前までにいずれかの当事者が更新しない旨を書面等で通知しない限り，さらに１年間，同条件で自動的に更新され，その後も同様とする。

2　乙は，本研究が技術的に見て成功する可能性が低いと合理的に判断される又は事業環境が変化し本研究の事業化が困難であると合理的に判断される等の合理的理由がない限り，前項に定める更新を拒絶することができない。

（存続条項）

第18条　本契約が期間満了又は解除により終了した場合であっても第７条第１項，第６項，第９項，第10項，第11項（知的財産権の帰属及び成果物の利用），第８条（ライセンス料の不返還）ないし第10条（研究成果に対する対価），第14条（第三者との間の紛争），本条，第19条（差止め・

損害賠償），第21条（準拠法及び管轄裁判所）及び第22条（協議解決）の定めは有効に存続する。

（差止め・損害賠償）

第19条　甲及び乙は，本契約の履行に関し，相手方が契約上の義務に違反し又は違反するおそれがある場合，相手方に対し，当該違反行為の停止又は予防及び原状回復の請求とともに損害賠償を請求することができる。

（通知）

第20条　本契約に基づく他の当事者に対する通知は，本契約に別段の規定がない限り，全て，他方当事者に書面又は各種記録媒体（半導体記録媒体，光記録媒体及び磁気記録媒体を含むが，これらに限らない。）を直接交付し，郵便を送付し，又は他方当事者が予め了承する電子メール若しくはメッセージングアプリを利用して電磁的記録を送信することにより行うものとする。

（準拠法及び管轄裁判所）

第21条　本契約に関する紛争については，日本国法を準拠法とし，○○地方裁判所を第一審の専属的合意管轄裁判所とする。

（協議解決）

第22条　本契約に定めのない事項又は疑義が生じた事項については，甲乙誠実に協議の上解決する。

第6 システム開発契約

遠藤さん はぁ～。

古門先生 深いため息ですね。

遠藤さん うちの会社もますますDXを加速させるということで，社内システムを拡充しているんですけれど，システム開発でトラブルが発生しているみたいなんです。トラブルになっている相手先ベンダーは,「ファンタスティックシステム株式会社」というらしいのですが。

古門先生 展開的には全然ファンタスティックじゃないですねぇ。もうシステムの納入は受けたのですか。

遠藤さん いえ，その前段階で揉めています。事業部は，「発注していたシステムと違う」「ベンダー側の事前の説明が十分でなかった」とカンカンです。開発費用は払いたくないし，今すぐ契約を解除して，急いで他のベンダーに改めて開発を依頼したいと話しています。

古門先生 債務不履行解除ということになりますかね。

遠藤さん そうですねぇ。こういうのってアレですか，プロジェクト・マネジメント義務とか，そういうことが問題になってくるんでしょうか。

古門先生 うーん，そうですね。契約の内容や開発の経緯をよく確認する必要がありそうですね。

遠藤さん うちの事業部の主張が正当なのかどうか，具体的にどうやって確認していけばよいでしょう。契約は解除できるのでしょうか。そもそもどうしてこんなに揉めちゃったのかな……。

古門先生 事案の詳細も含めて，急いで検討してみましょう。

【事例】

MT社は，従来から事業として実施していたAという定型書類の記載内容の点検業務（以下「A業務」という）の自動化および効率化を図るために，早急な既存システムの改修を望んでいた。

2021年12月，外資系のシステム開発会社であるファンタスティックシステム株式会社（以下「ファンシス社」という）（担当者F川氏）は，MT社に対し，自社の独自開発した自動点検メカニズムであるα（以下「αシステム」という）の導入により，A業務の自動化および効率化が図られると述べ，MT社に対してαシステムのデモンストレーションを行った。MT社の担当者であるM山氏は，デモンストレーションの結果に満足し，ファンシス社にシステム改修を依頼することに決めた。

2022年１月初旬（以下，日付はすべて2022年とする）に，MT社とファンシス社は，最終納期を７月末とし，人件費として毎月末日に600万円，αシステムの導入の対価として8,000万円を支払うことを合意した。8,000万円については，基本契約締結後１カ月以内に半額の4,000万円を支払い，システム納品・検収から１カ月以内に残額の4,000万円を支払うこととした。

MT社とファンシス社はシステム開発に関する基本契約書や個別契約書を作成し締結するのと並行して，早速システム改修プロジェクト（以下「本件プロジェクト」という）を立ち上げた。そして，１月17日に，基本契約書およびシステム企画に関する業務委託契約書（個別契約書）が，１月１日付で締結された。

４月１日，人事異動により，MT社の担当者は，M山氏からM田氏に変更になった。４月１日時点で，本件プロジェクトでは要件定義のフェーズがほぼ終わりかけていた。M田氏が，ファンシス社から提出された要件定義書を確認したところ，現行のオペレーションの分析が十分にされておらず，必要な機能（以下「β機能」という）の一部が実現されないことに気づいた。M田氏は，そもそもMT社がαシステムの詳細をファンシス社から知らされていなかったことから，αシステムがA業務との関係で本当に最適で優れた性能のものなのかという点に疑問を感じた。

４月８日の打ち合わせの場で，M田氏がF川氏に対し，β機能が漏れていることについて指摘すると，F川氏は直ちに確認をすると述べた。４月13日に，F川氏はM田氏に対し，「β機能はαシステムの導入では実現できない機能であった。」「β機能については別途アドオンで開発をさせてほしい。」とのメールを送った。

4月21日，M田氏は，担当者F川氏に対し，「いったん，本件プロジェクトは停止してほしい。」「そもそもαシステムがA業務に適切なものかどうか，改めて検証し，その結果をレポートしてほしい。」「αシステムの内容を当社でも検証したいので，仕様書などを開示してほしい。」とメールを送った。MT社は，4月末の人件費600万円の支払をいったん止めることとした。

5月9日，F川氏からは，「そのような検証をプロジェクト中に行うということは契約書に記載がない。αシステムの性能については，契約前のデモンストレーションで十分に示したはずである。」「αシステムの詳細は，当社の企業秘密なので開示することはできない。」との返信があった。

5月11日，M田氏は，F川氏に対し，「通常であれば，既存システムの改修にあたっては，現行システムとユーザーであるMT社の希望する機能との比較分析が行われてしかるべきである。それにもかかわらず，当初からαシステム以外の選択肢が示されなかったことは問題であると認識している。」「アドオン開発のコストはファンシス社に負担してもらいたい。」「当社はファンシス社との間で本件プロジェクトに関して秘密保持契約を締結しているから，企業秘密であるから開示できないというのはおかしい。当社にはαシステムの内容の説明を受ける権利がある。」とメールを送った。

5月16日，F川氏は，これを受けて，M田氏との間で打ち合わせの場を持ち，契約締結前のデモンストレーションで提示したαシステムに関する概要資料を提出するとともに，「4月末の人件費を早急に振り込んでほしい。」「今後具体的な開発作業に入るに際して，個別契約を締結したい。」「アドオン開発には別途の工数を要し，そのコストをファンシス社が負担することはできない。」「αシステムについてこれ以上の開示を行うことはできない。」と述べた。M田氏は，「人件費の支払や開発の個別契約については，この件の協議が調い次第進めるので，しばらく待ってほしい。」と伝えた。

その後も，M田氏は，A業務との関係でαシステムが最適であることの説明やアドオン開発のコストをファンシス社が負担することをF川氏に求めたが，F川氏はこれ以上の説明は必要がない，人件費を支払ってもらえないなら，これ以上の開発作業の継続はできないと述べた。本件プロジェクトの作業は混乱・停滞し，MT社は，5月末から6月末の人件費の支払も行わなかった。

このような状況で，7月1日，M田氏からMT社法務部に本件に関する打ち合わせの依頼が来た。

M田氏は，「もはや改修システムが予定どおり７月末に納品されることは事実上ない。」「ファンシス社の対応には非常に不満を持っており，αシステムの導入やアドオンの開発の妥当性についても現状では到底納得のいく説明が得られていないから，ファンシス社との契約は解除し，他社に改めてシステム改修を頼みたいと思っている。」と法務部に訴えた。

MT社の法務部としては，本件を適切な解決に導くためにどのような対応をとるべきであるか。

【時系列表】

日　時	出　来　事
2021.12	αシステムのデモ，導入決定
2022.１初旬	最終納期（2022.７.31）および費用についての合意
2022.１.17	基本契約書・個別契約書（企画）の締結
2022.４.１	M山からM田に担当変更，β機能の不搭載に気づく
2022.４.８	M田がF川にβ機能の漏れを指摘
2022.４.13	F川がβ機能のアドオン開発を提案
2022.４.21	M田が開発プロジェクトの停止・検証を申入れ
2022.４.30	MT社が４月分人件費（600万円）の支払を行わず
2022.５.９	F川が検証およびαシステムの詳細開示を拒否
2022.５.11	M田から再度の検証やアドオン開発費用の負担の申入れ
2022.５.16	M田とF川の打ち合わせ F川から人件費支払や個別契約書（開発）の締結の要請
2022.５.31	MT社が５月分人件費（600万円）の支払を行わず
2022.６.30	MT社が６月分人件費（600万円）の支払を行わず
2022.７.１	M田から法務への相談

【取引関係図】

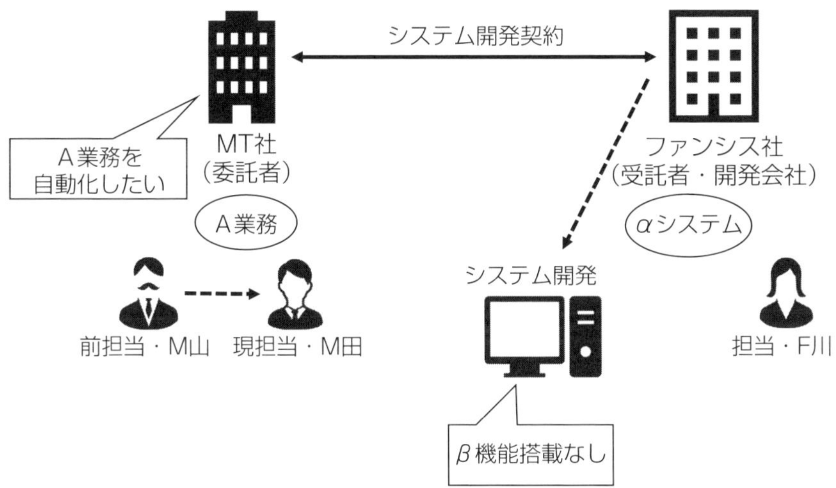

1．はじめに

本件は，一般的な法律相談というよりも，具体的な紛争の火種となってからの相談である。紛争に発展しそうなケースの場合には，法務として初動対応が極めて重要であり，早期に主要な論点や紛争の解決の道筋について見当をつけ，事業部から必要な資料の提供を受けるなどして，具体的なアクションプランを事業部とともに考える必要がある。

また，最終的に裁判になることが十分に想定される場合には，裁判になった場合に任せられる外部の弁護士をみつけておき，裁判になる前から，あらかじめその弁護士の意見を聴いておくことも有用である。

本件では，予定どおりに本件プロジェクトを遂行することが事実上不可能となっており，事業部の担当者であるM田氏がファンシス社との契約関係の解消を望んでいることから，法務部としては，本件プロジェクトを終了させるにあたり，最も望ましい方策は何かという点を迅速に検討する必要がある。

以下では，前提としてシステム開発に関する法的な考え方や諸問題等について解説した上で，MT社として考えられる対応方針等について解説を行う。

2．前提の整理

⑴　システム開発契約とは

まず，本件で問題となっているシステム開発契約について，一般的な法的知識や前提を確認しておくこととしたい。

システム開発契約とは，システム開発会社（以下「ベンダー」という）が発注者である顧客（以下「ユーザー」という）の委託を受けて，ユーザーの業務内容を分析し，業務上の課題に合った情報システムの企画および構築を行い，顧客から報酬を得るという準委任契約（民法656条，643条）や請負契約（民法632条）の一種である。

【関連条文（民法）】

（委任）
第643条　委任は，当事者の一方が法律行為をすることを相手方に委託し，相手方がこれを承諾することによって，その効力を生ずる。
（準委任）
第656条　この節の規定は，法律行為でない事務の委託について準用する。
（請負）
第632条　請負は，当事者の一方がある仕事を完成することを約し，相手方がその仕事の結果に対してその報酬を支払うことを約することによって，その効力を生ずる。

⑵　契約の相手方

特に大規模なシステム開発（改修も含む。以下同じ）においては，ベンダーが1社の場合もあれば，複数社の場合もある。一般に，ベンダーが1社の場合は「シングルベンダー方式」，複数社の場合は「マルチベンダー方式」などと呼ばれる。

また，複数のベンダーがジョイントベンチャー（JV）を組成して受注するという方式（JV方式）もある。

マルチベンダー方式では，ユーザーが，様々なベンダーの製品・サービスやネットワーク等を選んで組み合わせ，システムを構築する。マルチベンダー方式のほうが，メーカーの統一性などの制約がなくなって選択の幅が広がり，より安価に最適な機能の組み合わせを追求することができる反面，複数のベンダー間の契約や調整が必要となる点で，ユーザーにとっての負担はやや重くなるというデメリットがある[1]。

それほど大規模なシステムでなければ，通常は契約の相手方となるベンダーは1社であることが多く，案件に応じて，当該ベンダーがさらに協力会社などに再委託を行うことがよくみられる。

本件の事例では大規模システムを想定せず，ベンダー1社を契約の相手方とするシンプルな状況を設定している。

⑶ システム開発の流れ

一般的な「ウォーターフォール」と呼ばれる方式のシステム開発は，大別すると企画，開発，運用・保守という工程に分かれている。具体的な各工程の作業内容は，以下のとおりである。

ア 企 画

企画では，開発の目的となるシステムの方向性を決める。企画フェーズのうち，要件定義の工程では，システムの設計・開発行為に入る前に，システム化にあたっての要件を抽出して，確定する。具体的には，ユーザーおよびベンダーが，協議により，開発するシステムが満たすべき要件を決定し，システム

1 ㈱NTTデータ編『システム開発を成功させるIT契約の実務』（中央経済社，2021年）21～22頁。

の具体的な機能や開発のスケジュール等をまとめていく作業を指す。

ここで肝要なのは，本来的には，要件定義の主体は，あくまで当該システムの対象となる業務に精通しているユーザーであるということである。ユーザーは，要件定義の工程において，ベンダーの協力を得ながら，ユーザーがシステムに求める要件を明確にする必要がある。例えば，ユーザーが「現行システムと同じように」と曖昧な形で要件を規定し，実際には何らかの理由で必要な機能が利用できないということが事後的に発覚するなどした場合には，システム開発が頓挫したり，遅延したりするトラブルの原因となることがある[2]。

要するに，要件定義は，ユーザーとベンダーが，ユーザーの必要とするシステムについての認識を具体的にすり合わせる工程であり，この段階で両者の認識が食い違うと，ユーザーはニーズに合致しないシステムの納品を受けることになりかねない。したがって，要件定義の段階で，ユーザーおよびベンダーは，契約の目的物であるシステムがどういうものかという点に対する認識を共有しておくことが極めて重要である。

イ　開　発

開発のフェーズでは，まずユーザーや周辺の情報システムからみえる部分（インターフェースやAPI）のソフトウェアの設計から始まり，次にソフトウェアの機能をどのように実現するかというシステム内部での設計（ユーザーからはみえないプログラミングの観点からの設計）が行われる。

ウ　テスト・検収

開発の作業が終了すると，開発段階で作成された種々の設計書に沿って，実際にコンピュータを使ってシステムに想定データを入力し，コンピュータ上で正しい動作がなされるか単体テスト等が行われる。

その次に，システムテスト等を経て，基本設計書や要求定義書に記載されているユーザーの要望どおりにシステムが機能するか否かを検証する。テストにより発見された問題点がすべて解決されれば，納品・検収完了ということにな

2　前掲注１）㈱NTTデータ編81～82頁。

る。

その後，システムが業務および環境に適合するように維持管理するという保守のフェーズがある。

以上のような開発工程については，一般に「Vモデル」と呼ばれる開発モデルにより説明される。

【Vモデルによるシステム開発の流れ】[3]

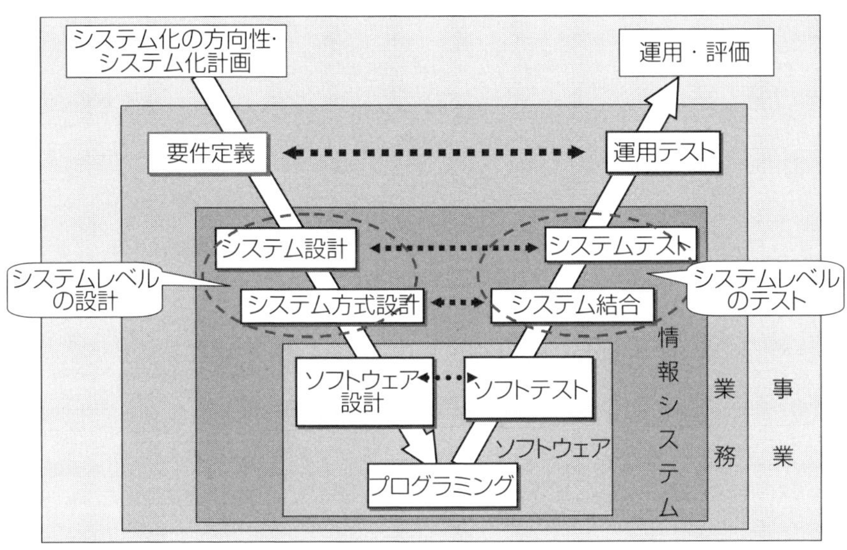

このような「ウォーターフォール方式」という開発方式のほか，近時では，「アジャイル方式」と呼ばれる機能単位での開発・実装とテストを繰り返す方法による開発方式や，「プロトタイプ方式」と呼ばれる早期に試作品を作成してその後のフィードバックを踏まえて開発するという開発方式等もある。

本件の事例では，ウォーターフォール方式の開発におけるトラブルを想定し

3　経済産業省商務情報政策局情報処理振興課「情報システムの信頼性向上のための取引慣行・契約に関する研究会～情報システム・モデル取引・契約書～（受託開発（一部企画を含む），保守運用）〈第一版〉」（2007年）31頁。

ている。

⑷ 契約の方式

システム開発契約には，システム開発の全工程を一括でベンダーが請け負う一括請負方式と，開発工程ごとに個別契約を締結する多段階契約方式がある 。

一括請負方式では，全工程を請負契約として締結し，多段階契約方式では，各作業工程に応じて，準委任契約（民法656条，643条）や請負契約（民法632条）が締結されることになる。

システム開発にあたり，契約方式を一括とするか多段階とするか，また各工程の個別契約を準委任契約とするか請負契約とするかは，諸々の事情を考慮し，契約の相手方とも協議の上，決することになる。

ユーザーからみたメリット・デメリットの概略を整理すると，準委任契約は，受託者であるベンダーが一定の事務の履行を受託するものであり，その事務の履行があった場合には，最終的なアウトプットが委託者（ユーザー）の満足のいかないものであったとしても，ベンダーの債務の履行は行われたとして，契約で定める報酬を支払う義務が生じる。

これに対し，請負契約は，請負人であるベンダーが，一定の仕事（成果物）の完成を約するものなので，仮に最終的な成果物が本来のものと異なっていれば，注文者であるユーザーは検収の拒否や修補の請求を行うことができ，成果物の納入がなければそもそも報酬を支払う必要がない。

このような準委任契約および請負契約の性質に照らし，一般的に，要件定義の工程など，特定の成果物の完成を請け負わないような場合には，準委任契約が用いられることが多く，他方で具体的な開発工程のように，成果物の内容が特定できる場面では請負契約が適しているともいわれる。

他方で，準委任契約でも業務の遂行（要件定義書の作成等のアウトプットを含む）にあたって善管注意義務を負うことや，請負においても，成果物を完全に納入できない場合に，一部の完了した作業については報酬を受けられる場合があるなど（民法634条），実際上の両者の違いはそれほど大きくはないと考えられている。

【多段階契約のイメージ】[4]

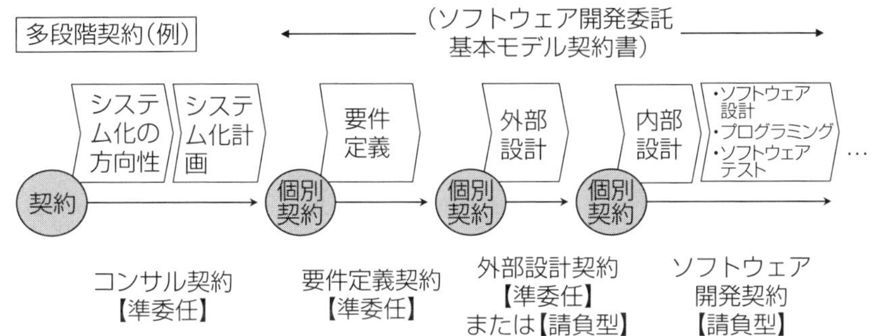

(5) 開発手法

システム開発においては，ゼロからオリジナルのシステムを開発するという手法（スクラッチ開発）と，既存のパッケージソフトウェアを用いて開発するという手法（パッケージベース開発）がある。

そして，パッケージソフトウェアを用いて開発する場合には，大別して，①パッケージソフトの機能をベースとして，その機能に合わせてユーザーの業務プロセスを変革し，極力カスタマイズの開発を抑えるというアプローチ方法（パッケージベース・アプローチ）と，②ユーザーの現行システムの機能を分析し，それをベースとして，パッケージソフトウェアを活用しつつ必要な機能についてはさらに個別のプログラムを組むというアプローチ方法（カスタマイズベース・アプローチ）の2パターンがある。

具体的にどのような手法を採用するかという点については，ユーザーが求めるシステムの内容や予算，納期等により，ベンダーとの協議により決めることになる。一般的には，カスタマイズすればするほど，ユーザーの使い勝手のよ

4　独立行政法人情報処理推進機構・経済産業省「～情報システム・モデル取引・契約書～（受託開発（一部企画を含む），保守運用）〈第二版〉」（2020年12月）10頁。

い理想的なシステムができるが，開発の期間や費用がそれだけ嵩むことになる。

(6) トラブルに関する裁判例

システム開発は，ユーザーの業務をITにより実現していくためのソリューションであり，その前提として，まずユーザーが希望の業務フロー等を自ら明確にし，システムへの搭載を希望する機能を明らかにしていくことが必要となる。

ユーザーの多くは既存または新規に導入するシステムに関して十分な技術的な知識を持っておらず，ベンダーは，ユーザーの具体的な業務内容やニーズを十分に把握できていないことが少なからずある。このような情報や認識のギャップが，プロジェクトの進行により徐々に露呈し，トラブルに発展するケースも少なくない。

以下では，システム開発に際して大規模な訴訟に発展した有名なケースであるIBM対スルガ銀行訴訟の高裁判決（東京高判平成25年９月26日[5]）（以下「本判決」という）を参照しながら，システム開発特有の法律問題や論点等について概観する[6]。

なお，本件の事例は，東京地判平成31年２月４日（平成29年(ワ)第14039号，平成29年(ワ)第27436号）などを参考にしている。

ア　事案の概要

近時で，最も有名なシステム開発に関するユーザーとベンダーのトラブルをめぐる裁判である。

IBMとスルガ銀行が，スルガ銀行の銀行業務全般を処理する「新経営システム」の構築に関する基本合意および個別契約を締結し，システム開発を実施したものの，開発途中で中止となったという事案である。

スルガ銀行は，ベンダーであるIBMに対し，システム開発が中止となったこ

5　金融・商事判例1428号16頁。
6　他に有名な裁判例としては，IBM対野村HDらの高裁判決（東京高判令和３年４月21日平成31年(ネ)第1616号）がある。

とについて，基本合意や個別合意に基づく本質的義務違反や，プロジェクト・マネジメント義務[7]違反，説明義務違反等があったと主張し，請負契約の債務不履行または不法行為に基づく損害賠償請求等として，総額115億8,000万円およびこれに対する遅延損害金の支払を求めた。

スルガ銀行は，プロジェクト・マネジメント義務違反等について，具体的には，パッケージソフトウェアである「Corebank」の機能やその充足度についての事前検証が未了であったことや，適切な開発手法についての事前検証が未了であったこと等を主張した。

これに対し，IBMは，反訴として，報酬が未払の個別契約に係る報酬の支払請求や，スルガ銀行の不法行為（システム開発におけるスルガ銀行側の協力義務違反）に基づき，開発投資費用相当額110億5,710万2,553円およびこれに対する遅延損害金の支払請求等を行った。

イ　判決のポイント

本判決は，基本合意の締結前の段階から，最終の当事者間の合意からシステム開発終了に至るまでを４つの段階に区分し，それぞれの段階において，各当事者の義務違反を検討し，結論としては，プロジェクト・マネジメント義務違反に基づき，IBMに約41億円の損害賠償義務を認めた。

本判決の論点は多岐にわたるが，特に重要な義務違反等について，それぞれ本判決の判示内容を概観すると，以下のとおりである。

7　プロジェクト・マネジメント義務について，確立された定義はないが，同裁判例からすると，「システム開発を担うベンダーとして，ユーザーに対し，本件システム開発過程において，適宜得られた情報を集約・分析して，ベンダーとして通常求められる専門的知見を用いてシステム構築を進め，ユーザーに必要な説明を行い，その了解を得ながら，適宜必要とされる修正，調整等を行いつつ，本件システム完成に向けた作業を行うこと（プロジェクト・マネジメント）を適切に行うべき義務」のことを指すものと理解できる。
なお，IBM対スルガ銀行訴訟の第一審判決では，プロジェクト・マネジメント義務を「システム開発業者として，自らが有する高度の専門的知識と経験に基づき，納入期限までにシステムを完成させるようにユーザーに提示し，ユーザーとの間で合意された開発手順や開発手法，作業工程等に従って開発作業を進めるとともに，常に進捗状況を管理し，開発作業を阻害する要因の発見に努め，これに適切に対処すべき義務や，ユーザーのシステム開発への関わりについても適切に管理するなどの行為をすべき義務」という内容として捉えている。

㋐　ベンダー（IBM）のプロジェクト・マネジメント義務

まず，本判決は，基本合意締結前の企画段階におけるベンダーのIBMのプロジェクト・マネジメント義務に関して，以下のように述べた（下線は筆者が付した）。

> 企画・提案段階においては，プロジェクトの目標の設定，開発費用，開発スコープ及び開発期間の組立て・見込みなど，プロジェクト構想と実現可能性に関わる事項の大枠が定められ，また，それに従って，プロジェクトに伴うリスクも決定づけられるから，企画・提案段階においてベンダに求められるプロジェクトの立案・リスク分析は，システム開発を遂行していくために欠かせないものである。そうすると，ベンダとしては，企画・提案段階においても，自ら提案するシステムの機能，ユーザーのニーズに対する充足度，システムの開発手法，受注後の開発体制等を検討・検証し，そこから想定されるリスクについて，ユーザーに説明する義務があるというべきである。<u>このようなベンダの検証，説明等に関する義務は，契約締結に向けた交渉過程における信義則に基づく不法行為法上の義務として位置づけられ，控訴人はベンダとしてかかる義務（この段階におけるプロジェクト・マネジメントに関する義務）を負うものといえる</u>。
>
> もっとも，ベンダは，システム開発技術等に精通しているとしても，システム開発の対象となるユーザーの業務内容等に必ずしも精通しているものではない。企画・提案段階における事前検証を充実させることにより，システム開発構想の精度を高め，想定外の事態発生の防止を図り得ると考えられるが，受注が確定していない段階における事前検証等の方法，程度等は自ずと限られ，ユーザー側の担当者等から得られる情報や協力にも限界があることは明らかである。そのため，プロジェクトが開始され，その後の進行過程で生じてくる事情，要因等について，企画・提案段階において漏れなく予測することはもとより困難であり，この段階における検証，説明等に関する義務も，このような状況における予測可能性を前提とするものであるというべきである。その意味では，ベンダとユーザーの間で，システム完成に向けた開発協力体制が構築される以前の企画・提案段階においては，システム開発技術等とシステム開発対象の業務内容等について，情報の非対称性，能力の非対称性が双方に在するものといえ，ベンダにシステム開発技術等に関する説明責任が存するとともに，ユーザーにもシステム開発の対象

とされる業務の分析とベンダの説明を踏まえ，システム開発について自らリスク分析をすることが求められるものというべきである。

このようなことからすると，企画・提案段階におけるシステム開発構想等は，プロジェクト遂行過程において得られるであろう情報，その過程で直面するであろう事態等に応じて，一定の修正等があることを当然に想定するものといえ，企画・提案段階の計画どおりシステム開発が進行しないこと等をもって，直ちに企画・提案段階におけるベンダのプロジェクト・マネジメントに関する義務違反があったということはできない。

以上のように，本判決は，一般論として，企画・提案段階において，ベンダーに，自ら提案するシステムの機能，ユーザーのニーズに対する充足度，システムの開発手法，受注後の開発体制等を検討・検証し，そこから想定されるリスクについて，ユーザーに説明するという信義則に基づく不法行為法上の義務があることは認めた上で，システム開発におけるベンダーおよびユーザー間の情報・能力に非対称性が相互に存在することに照らし，ベンダーが企画・提案したとおりにプロジェクトは一定の修正等があることを当然に想定するものであり，計画どおりに開発が進行しないことをもって，直ちにベンダーのプロジェクト・マネジメント義務違反を問うことはできないとした。

他方で，本判決は，基本合意締結後のプロジェクト・マネジメント義務について，「IBMは，各契約に基づき，本件システム開発を担うベンダとして，スルガ銀行に対し，本件システム開発過程において，適宜得られた情報を集約・分析して，ベンダとして通常求められる専門的知見を用いてシステム構築を進め，ユーザーであるスルガ銀行に必要な説明を行い，その了解を得ながら，適宜必要とされる修正，調整等を行いつつ，本件システム完成に向けた作業を行うこと（プロジェクト・マネジメント）を適切に行うべき義務を負う」旨を一般論として述べた上で，以下のように判示している。

（プロジェクト・マネジメント）義務の具体的な内容は，契約文言等から一義的に定まるものではなく，システム開発の遂行過程における状況に応じて変化しつつ定まるものといえる。すなわち，システム開発は必ずしも当初の想定どおり進むとは限らず，当初の想定とは異なる要因が生じる等の状況の変化が明らかとなり，想定していた開発費用，開発スコープ，開発期間等について相当程度の修正を要すること，更にはその修正内容がユーザーの開発目的等に照らして許容限度を超える事態が生じることもあるから，ベンダとしては，そのような局面に応じて，ユーザーのシステム開発に伴うメリット，リスク等を考慮し，適時適切に，開発状況の分析，開発計画の変更の要否とその内容，更には開発計画の中止の要否とその影響等についても説明することが求められ，そのような説明義務を負うものというべきである。

以上のように，本判決からすると，プロジェクト・マネジメント義務というものは，何らかの定型的な行為を行う義務ではなく，まさに具体的なプロジェクトをマネジメントする上で，システム開発の進捗状況に応じて変化しつつ定まるものであり，ベンダーとしては，システム開発が当初の想定と異なってくる場合には，その内容やその後の対応方針について，適時にユーザーに説明する義務を負うものということになる。

本判決では，IBMがスルガ銀行に対し，要件定義の第二段階が終了する頃に締結した契約（最終合意）に関し，具体的な事情に照らせば，IBMがスルガ銀行に対し，ベンダーとしての知識・経験，本件システムに関する状況の分析等に基づき，開発費用，開発スコープおよび開発期間等の全部を抜本的に見直す必要があることについて説明し，適切な見直しを行わなければ，システム開発を進めることができないことや，従来の投入費用，さらには今後の費用が無駄になることがあることを具体的に説明し，ユーザーであるスルガ銀行の適切な判断を促す義務があったと述べ，IBMには，この段階以降のシステム開発の推進を図り，開発進行上の危機を回避するための適時適切な説明と提言をし，仮に回避し得ない場合には本件システム開発の中止をも提言する義務があったと述べた。

その上で，本判決は，IBMがスルガ銀行に対し，開発対象のシステムの抜本的な変更や，中止を含めた説明，提言および具体的リスクの告知をしていたとは認められないとして，IBMにプロジェクト・マネジメントに関する義務違反を認定した。

㈠　未払代金請求

IBMは，スルガ銀行に対し，システム開発の各個別契約に基づく未払代金請求について，反訴を提起したが，前記㈦のとおり，本判決は，IBMについてプロジェクト・マネジメント義務違反という債務不履行が認められることから，IBMは，信義則上，スルガ銀行に各個別契約に基づく未払代金を請求することはできないと判示し，反訴請求を棄却している。

このような本判決の立場からすれば，具体的な契約内容次第ではあるが，ベンダーにプロジェクト・マネジメント義務違反が認められるようなケースでは，反対債務である代金支払債務について履行する必要がない場合があり得る。

ウ　実務への影響

㈦　プロジェクト・マネジメント義務違反の認定

本判決により，契約締結後のみならず，システム開発契約の締結前においても，不法行為責任に基づきベンダーのプロジェクト・マネジメント義務が肯定され得ることが明らかになった。

そのため，ユーザーとしては，あるシステム開発プロジェクトが頓挫した場合には，具体的な事情に照らし，ベンダーが，提案するシステムの機能，ユーザーのニーズに対する充足度，システムの開発手法，受注後の開発体制等を検討・検証し，そこから想定されるリスクについて，ユーザーに説明する義務を果たしていなかったとみられる場合には，そのような点にかかるプロジェクト・マネジメント義務違反を理由として，当該プロジェクト全体の代金の支払について拒むということも考えられるだろう。

他方で，本判決は，システム開発という案件の性質上，プロジェクトにおける計画が事後的に修正される場合も当然に想定されているとして，企画・提案段階の計画どおりシステム開発が進行しないこと等をもって，直ちに企画・提案段階におけるベンダーのプロジェクト・マネジメントに関する義務違反があったとはいえないと述べている。このことからすると，具体的な事案においてプロジェクト・マネジメント義務違反を問うためには，企画・提案段階でベンダーの有する知識や情報等からすれば，明らかにユーザーのニーズを満たさないパッケージ等であると認識し得たにもかかわらず，そのことを説明せずにシステム開発を強行した場合など，ベンダー側における具体的な落ち度としての説明義務違反を主張・立証する必要があると考えられる。

そのため，具体的な事案における検討に際しては，契約書の内容の検討もさることながら，企画・提案段階からのシステム開発のプロジェクトの検討状況等に照らし，プロジェクトが頓挫した原因がどこにあるのかという点や，そのことによりシステム開発が想定どおりに進行しないことについて，いつの時点でベンダーが認識し得たかという点などを丁寧に検証して，法的な責任の所在や内容について精査していく必要がある。

なお，プロジェクト・マネジメント義務に対し，ユーザー側がシステム開発において負う義務として，協力義務なるものも観念されている。東京地判平成28年11月30日（平成25年(ワ)第9026号，平成27年(ワ)第25003号）では，ユーザーの協力義務に関し，「一般に，ユーザーが業務上使用するコンピューター・ソフトウェアのシステムの開発をベンダーに発注・委託する場合において，ベンダーがコンピューターシステムの専門家としてユーザーの要求に応えるシステムを構築する責任を負うことは当然であるが，ユーザーが業務等に関する情報提供を適切に行わなければ，そのようなシステムの構築を望めないことから，ユーザーは，ベンダーによるシステム開発について，ベンダーからの問合せに対し正確に情報を提供するなどの協力をすべき義務を負うものと解するのが相当である。」と述べており，一般論としてのユーザーの協力義務の存在を認めている。

そのため，ユーザーとしては，システム開発にあたり，ベンダーからの問い合わせに対し正確に情報を提供するなど，ベンダーの企画や開発等の業務の遂行に必要な協力を適時に行うことを忘れてはならない。

(イ) ベンダーの責任限定条項

本判決は，前記で引用したプロジェクト・マネジメント義務違反に関する詳細な認定のほかに，システム開発の契約におけるベンダーの責任を一部免除するような条項（責任限定条項）についても，判断を示している。

具体的には，IBMとスルガ銀行の間の個別契約では，「請求の原因を問わず，現実に発生した通常かつ直接の損害に対する，損害発生の直接原因となった当該サービスの料金相当額を損害賠償額の限度とし，IBMの責めに帰すことのできない事由から生じた損害，IBMの予見の有無を問わず特別の事情から生じた損害，逸失利益，データ・プログラムなど無体物の損害及び第三者からの損害賠償請求に基づく損害については，責任を負わない」旨の定めがあった。

本判決は，このような責任限定条項について，その内容が公序良俗に反しない限り契約当事者間において有効な定めであるとした上で，IBMの不法行為責任を含めたものと解釈し，少なくとも故意または重過失がない場合における責任限定条項については，公序良俗に違反するものとはいえず，契約の経緯に照らし有効なものであると判示した。その結果として，スルガ銀行が主張していた約41億円の逸失利益の請求は認められなかった。

システム開発契約においては，ベンダーの負う損害賠償責任を一定の範囲に限定するという条項（責任限定条項）が設けられることも珍しくないが，本判決からすれば，少なくともベンダー側に故意または重過失がない場合には，当該条項は基本的に有効であり，当該条項のとおり責任が一部免除されることになるものと考えられる。

ただし，具体的な条項の解釈は，当該条項の文言によるところも大きいため，実際の紛争の場面では，個々の契約書の具体的な責任限定条項の解釈を十分に検討する必要があることに留意が必要である。

3．社内検討

⑴　契約内容の検討

契約の解消を考えるためには，まずそもそも本件プロジェクトに関するシステム開発契約（以下「本件システム開発契約」という）がどのような性質・内容の契約なのかということを知らなければならない。

そこで，事業部に依頼して本件システム開発契約書を取り寄せて，その内容を精査すべきである。

精査のポイントとしては，①契約の性質（準委任契約なのか，請負契約なのか），②契約の目的（具体的に何を委託しているのか，成果物が何なのか），③中途解約や解除に関する条項の有無および内容，④ファンシス社の債務不履行を問えるような具体的な条項の有無などが挙げられる[8]。

契約書からだけでは明らかでない場合には，必要に応じて，事業部（M田氏ら）に具体的なファンシス社との従来のやりとりについてヒアリングを行う。もし契約締結時に具体的に何を合意したのかという詳細を知る必要があれば，前担当者であるM山氏にもヒアリングを行うことが考えられる。

ヒアリングを行う際には，実際にM田氏とF川氏の間でやりとりされたメールなど，客観的な資料を確認しながら，客観的な資料からだけでは読み取れない部分を埋めるようなイメージで，聴き取りを行うとよい。

⑵　解除権等の行使の検討

ア　総　論

本件システム開発契約の解消にあたり，ファンシス社との協議を行い，第一次的には協議による円満な解決を目指すことになるが，協議に際してはMT社

8　事例のケースとは異なるが，一定の成果物の検収・納品を経ている場合には，ベンダーの債務不履行を問うにあたり，納品されたシステムの契約適合性などを検討する必要が出てくる。

としてのスタンスを明確にする必要があり，協議が決裂した場合にも備えて，法的に主張できること・できないことについて事前に整理しておく必要がある。

イ　契約に基づく解除権の行使

まずは，ファンシス社と締結した基本契約または個別契約に関し，中途解約の条項の有無や解除権にかかる条項の内容を検討し，本件での行使の適否を検討することになる。

前提として，多段階契約方式の場合，各個別契約は，それぞれ別個のものとして締結されている以上，当該個別契約に特別な定め（例えば，当該個別契約が解除された場合には他の個別契約も当然に解除されるというような定め）がある場合や，個々の個別契約が密接に関連しており，不可分一体のものとして契約されているというような事情がある場合でない限り，個別契約ごとに解除を検討することになる。

本件では，要件定義段階における個別契約が締結されているものの，その後の開発工程にかかる個別契約は未了であることから，ひとまず基本契約および要件定義段階における個別契約の解除について検討することになるだろう。

ウ　民法等に基づく法定解除権の行使

仮に，契約に基づく解除権の行使等の主張が困難であると判断される場合であっても，民法等に基づく法定解除権の行使が可能であることもあるため，あわせて検討を行うべきである。

本件では，当初の納期に間に合わないことが明白であるため，履行遅滞や履行不能であるとして，債務不履行を理由とする解除権（民法541条，542条）の行使を行うこともあり得るように思われる。しかし，そもそも要件定義後の具体的な開発工程にかかる個別契約の締結をMT社が止めていることからすると，当初の納期に間に合わないことがすべてファンシス社に帰責するとはいえない場合もあると考えられる。そのような場合にまで法定解除権の行使が認められるとは限らない。また，要件定義後の具体的な開発工程にかかる個別契約の締結未了ということからすると，基本契約段階での納期の定めについては，法的拘束力のないものと解釈される可能性も否定できない。

本件では，結局のところ，本件プロジェクトが頓挫した原因がどこにあるのか，それがいつの時点で当事者に明らかになったのか等の具体的事実を調査・確認した上で，αシステムの導入という本件プロジェクトについて，基本契約や個別契約の前後において，ファンシス社にプロジェクト・マネジメント義務違反といえるような説明義務違反があるかどうかというところが大きな争点になるのではないかと見立てることが適切と考えられる。

具体的には，MT社が，本件プロジェクトにおいて，A業務や今回新たに必要となる機能に関し，ファンシス社にどのように説明したのか，ファンシス社が，αシステムについてどのような説明をしたのか，その後の開発経緯でMT社またはファンシス社が不当な提案や要求を行っていないかなど，MT社またはファンシス社の対応が，従前の経緯に照らし，不合理・不相当なものでなかったかという点を検討することが考えられる。仮に，MT社の説明や発注内容からすれば，αシステムの導入を推奨しても不合理・不相当とはいえず，ファンシス社によるαシステムの説明が客観的にみて特段不十分といえないのであれば，β機能をアドオン開発とするというファンシス社の提案は不合理・不相当とはいえないようにも思われる。そうすると，不合理・不相当とはいえないアドオン開発（MT社が費用負担）を拒否し，この期に及んでαシステムの検証を求めるMT社の対応のほうが，本件プロジェクトの頓挫の原因であると評価される可能性が出てくる。

いずれにせよ，法務部としては，MT社とファンシス社との間の協議の議事録や交わされたドキュメント，メール等の資料を収集・精査した上で，事業部サイドから従前の事情や意見を聴いて，本件プロジェクトの開発経緯や頓挫の原因について調査するということになるだろう。

4．アクションプラン

(1) 事業部サイドでの協議

まずは，事業部サイドにおいて，ファンシス社との間で改めて話し合いの場を持ち，本件プロジェクトを今後どのようにして進めるか，または終了させるのかという点について，協議を行うことが考えられる。

法務部としては，仮に裁判になった場合に，本件プロジェクトにおいて，ファンシス社のプロジェクト・マネジメント義務違反を主張・立証することが容易ではないと判断される場合には，事業部に対し，協議の場で強硬な主張を行うべきではなく，本件プロジェクトの解消に向けて，なるべく話し合いによりファンシス社との間で折り合える着地点をみつけるようにアドバイスを行うことになる。

また，ファンシス社のプロジェクト・マネジメント義務違反を主張・立証することが容易ではないと判断される場合には，MT社の法務部としては，事業部に対し，本件プロジェクトを解消することは容易でないことを伝えるとともに，すでに発生している個別契約の代金についても，早期に精算するように促すべきである。

⑵ 代理人弁護士等を通じた交渉

事業部サイドで協議がまとまらなければ，法務部サイドまたは外部弁護士を代理人として選任するなどして，リーガルサイドによる協議・交渉を行うことが考えられる。

ただ，協議・交渉においては，本件プロジェクトの提案段階でのMT社およびファンシス社の担当者間でのやりとりや，本件プロジェクト頓挫の原因について議論になることが考えられることから，事業部とも緊密に連携し，当時の状況についてリーガルサイドでもよく理解して，協議・交渉に臨むことが肝要である。

また，協議・交渉に際しては，協議が決裂した場合に備えて，裁判上の証拠とすることも見据え，リーガルサイドにおいて，MT社とファンシス社との間の協議の議事録や交わされたドキュメント，メール等の資料について改めて整理するとともに，本件プロジェクトの提案から本件プロジェクトの中断に至るまでの具体的な事象の時系列について，事業部の協力も得て，表形式であらかじめ整理しておくと有用である（184頁参照）。

外部弁護士に依頼する際にも，そのような整理されたドキュメント類や時系列表があると，従来の経緯についてスムーズに説明することができる。

⑶ 解　決

協議により任意で解決できれば，解決内容について記した合意書案を作成することも考えられるが，仮に本件プロジェクトは解消せず，今後の個別契約の内容において協議の結果を契約条項（例えば，β機能の開発費はMT社とファンシス社で折半するなどの条項）として盛り込むこととした場合には，そのような個別契約の締結をもって解決するということも十分考えられる。

仮に，本件で最終的にファンシス社との交渉が決裂し，MT社がファンシス社に基本契約および個別契約締結前の段階でプロジェクト・マネジメント義務違反があると判断する場合には，ファンシス社のプロジェクト・マネジメント義務違反を理由として，基本契約および個別契約について解除通知をファンシス社に送るとともに，支払済みの代金の返還等の請求を行うことになる。その場合には，既払代金のみならず，逸失利益などの損害についても賠償請求を行うことも考えられるが，本件システム契約においてファンシス社について責任限定条項があるかどうかという点は，その有効性や適用範囲も含め，忘れずに検討すべきである。

ファンシス社がそのような請求に応じない場合には，MT社としては，外部弁護士の意見等も考慮した上で，提訴の是非について検討を行うべきである。

5．トラブルから振り返る契約書作成時の留意点

プロジェクト・マネジメント義務違反が問題になる場面では，契約書の文言よりも，具体的な契約当事者間のシステム開発の各工程におけるやりとりなどがポイントになるので，システム開発の紛争に関しては，契約書の文言によって必ずしも事後の紛争を防止できるとは限らない。

他方で，特に大規模または大きな予算のシステム開発であればあるほど，拙速にベンダーの提案どおりに発注することはせず，ユーザーとしての自社の求める要件やニーズを明確にした上で，ベンダーに事前によく相談を行うなどして，具体的な契約締結を行うべきである。そして，そのような事前の協議の内容等について，RFP（Request for Proposal，提案書作成依頼）などのドキュメントを作成し，保存しておくと，事後に紛争になった際に，プロジェクト頓挫の原因を究明するのに役に立つ可能性がある。

また，システム開発は当初の計画どおりに進むとは限らず，むしろ変更が往々にしてあり得ることからすれば，事後に「言った・言わない」のトラブルにならないように，ユーザー・ベンダー間のコミュニケーションについては，メールや議事録などで正確に記録しておくことが重要である。

ちなみに，ベンダーが契約において責任限定条項を盛り込むことについては，かかる責任限定条項が，システム開発契約においてベンダーが得られる報酬よりも多額の損害賠償範囲を負わないようにするという点で一定の合理性があるものと受け止められており[9]，そのような安全弁があるからこそ，ベンダーとしても安値で受注できる側面もあることから，ユーザー側の立場として一概に排斥すべき条項とはいえず，ベンダーとの契約交渉において必要な範囲で協議することになる。

いずれにせよ，具体的なシステム開発においては，ユーザーとしても，ベンダーに開発作業をすべて丸投げすることはできず，自らの業務フローの分析やベンダーに対する情報提供などの協力をすることが不可欠であり，そのようなシステム要件を徐々に明確にするプロセスを通じて，具体的な発注内容を確定し，発注に即した契約を締結することが重要である。

9　座談会「スルガ銀行対日本IBM／みずほ証券対東京証券取引所　判決内容から実務への影響を探る」ビジネスロージャーナル2014年１月号36頁。

第7 AI開発契約

遠藤さん はぁ～。

古門先生 前回に続き，また深いため息ですね。

遠藤さん はい，先生には前回システム開発の紛争の相談をさせていただいたのですが，実はご相談したシステムの他にAIの開発でも少し揉めそうでして……。どうやら開発が途中で頓挫したようなのです。正直，私はAIの開発にあまり詳しくないのですが，事業部は「開発プロジェクトがPoCで頓挫しそう」といっていました。

古門先生 なるほど。

遠藤さん そもそもPoCというのがよくわからないのですが，前回のシステム開発の紛争の時と同じく，要件定義・システム設計・ソフトウェア設計・プログラミング……という各段階のどこで頓挫したのかを確認して，相手方にプロジェクト・マネジメント義務違反があるかを検討して……といった形で検討を進めることになるのでしょうか。

古門先生 いや，AIの開発の場合は必ずしもそのような形の検討が適しているわけではありません。そもそも，AIの開発は，前回検討したような要件定義・システム設計・ソフトウェア設計・プログラミング……という各段階を順に進めていくウォーターフォール方式ではなく，開発プロセスを別個独立した複数の段階に分けて探索的に開発を行っていく方式で進められることが多いです。ちなみに，「PoC」は共同研究開発でも出てきましたが，Proof of Conceptの略で，AIの開発の文脈では，探索的な開発過程の一段階のことを指すことが多いですね。

遠藤さん いわれてみれば，共同研究開発でもPoCが出てきましたね。すっかり忘れていました……。前回ご相談したシステム開発は，文系の私にはとっつきにくかったのですが，AIの開発はまたそれとは違うんですね。

古門先生 はい。PoCは，アイデアの実現可能性の検証のために行われるものであることから，その検証結果を踏まえてプロジェクトを中止することは必ずしも珍しいことではありません。また，AI開発では，開発予定のAIがどの程度の性能を持ったものかを保証できないことも多いなど，通常のシステム開発とは違った特殊性があります。

遠藤さん 難しそうですね……。PoCで頓挫しそうになっている原因はまだヒアリングできていないのですが，その前に，そもそもAIとは何か，というところからよくわかっていないので，基礎的なところの解説からお願いしてもよいでしょうか。

古門先生 わかりました。

【事例】

MT社は，従来の事業にかかるAという点検業務（以下「A業務」という）の自動化および効率化を図るために，AIの技術を取り入れたシステムを開発することを計画し，PoC（概念実証）の業務をファンタスティックAI社に委託した。

ところが，この開発プロジェクトは以下の事情によって中止になることが決定し，対応について相談したい，という連絡が法務担当者に届いた。

- ケース①：ベンダーの技術不足が原因で十分な性能のモデルができず，PoCを終えた段階で中止が決定した。
- ケース②：PoCに続いて開発段階に進んだが，ベンダーの技術不足が原因で十分な性能のモデルができず，MT社は開発段階の途中で開発を中止したいと考えるようになった。
- ケース③：PoCの結果は良好で，ユーザーとしては開発段階に進みたいと考えているが，開発フェーズの契約条件が折り合わず，プロジェクトが止まってしまっている。

1. はじめに

第6においてシステム開発の紛争に関する事例をみたが，今回は，AIの技術を用いたシステムを開発する場合についてみていきたい。

AI技術が関係するシステム開発には通常のシステム開発にはない特殊性があり，まずはこの点の理解が重要になる。そこで，ここでは，シンプルな事例をベースに，AI技術に関する簡単な解説も行いつつ，事例をもとにAI開発の契約についての注意点をみていきたい。具体的には，①AIについての簡単な解説，②AI開発の契約に関する一般的な解説，③事例をベースにした検討，という構成で解説を進める。

なお，AI開発の契約に関しては，省庁および民間の団体から，以下のような契約書のひな形や解説が公表されている。

- 経済産業省「AI・データの利用に関する契約ガイドライン（AI編）」（以下「AI契約ガイドライン」という）
- 経済産業省・特許庁「研究開発型スタートアップと事業会社のオープンイノベーション促進のためのモデル契約書ver2.0」の「モデル契約書（AI編）」
- 一般社団法人日本ディープラーニング協会「ディープラーニング開発標準契約書」
- 一般社団法人AIビジネス推進コンソーシアム「ソフトウェア開発契約書」

この中でよく参照されるのはAI契約ガイドラインである。AI契約ガイドラインでは，AIの技術および契約について比較的詳しく解説されている。紙幅の関係上，本ケースのAIに関する解説は，概要のみにとどめているため，（170頁を超えるボリュームであるが）必要に応じて参照されたい[1]。

2．AIの技術

(1) AIの概要

昨今，「第三次AIブーム」が到来しているといわれており，世の中の様々なサービスや製品は「AI」を搭載していると謳っている。AIとは，「知能のある機械」などと定義されているが，人工知能学会などでは，本当に知能のある機械である「強いAI」と，人間の知的な活動の一部と同じようなことをする「弱いAI」とに大別している[2]。我々が「強いAI」として想像するのはドラえもんのような知能を持ったロボットであるが，現時点でこのような技術は十分に実現しているとはいえず，第三次AIブームにおいて研究が進んでいるのは「弱いAI」である。特に，第三次AIブームのきっかけとなった技術は機械学習（マシンラーニング）という技術の中の，深層学習（ディープラーニング）と呼ばれる技術である。そのため，本ケースではディープラーニングの技術を用いたAIを念頭においたものとして解説を行う。

ディープラーニングの手法は，①教師あり学習，②教師なし学習，③強化学習という分類ができる。①が最も多く用いられている手法で，多数の「教師」となる正解データを使ってAIを「学習」させ，性能を向上させていく手法である。例えば，画像に写った物体を認識するAIを開発する場合に，大量の画像とその画像に何が写っているかの「正解」を付与したデータを大量に読み込ませることが行われる。本ケースでは，この①教師あり学習を想定して解説する。なお，②教師なし学習は，主にデータの分類やデータの生成に用いられる技術，③強化学習は，主に将棋や囲碁といったゲームのAIに用いられている技術であるが，本書では解説しない。

1　AIの技術等について，企業の法務担当者の立場から必要な事項をより詳しく解説したものとして古川直裕・渡邊道生穂・柴山吉報ほか『Q&A AIの法務と倫理』（中央経済社，2021年）20頁以降がある。必要に応じて参照されたい。

2　人工知能学会ホームページ（https://www.ai-gakkai.or.jp/whatsai/AIresearch.html）参照。

⑵　ディープラーニングとは

ディープラーニングは，「ニューラルネットワーク」という，神経細胞を模した「ノード」などと呼ばれるものを多層にわたって組み合わせたものから構成される。人の神経細胞は，痛みなどの刺激があった場合，その情報をある神経細胞から次の神経細胞へと順次伝達する。ニューラルネットワークにおいても，同じように，ノードを多層にわたって組み合わせ，情報を伝達していく。その際，伝達する情報の重要性等をコントロールするため，「重み」と「バイアス（bias，傾向，偏り）」というものが用いられる。具体的には，情報を次のノードに伝える際，重みを掛け合わせ，バイアスを足す，という操作を行った上で次のノードに伝達する（**【図表１】**）。

【図表１】

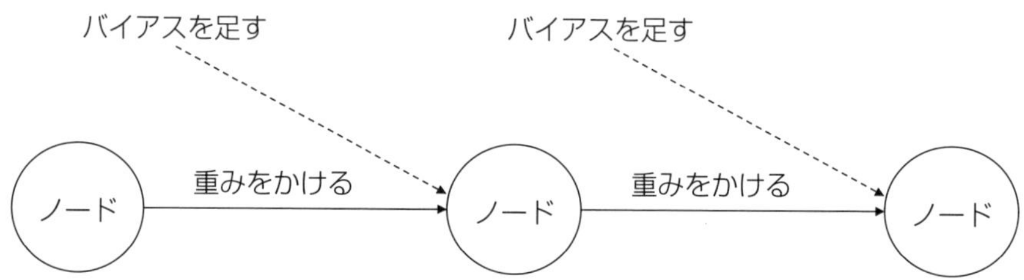

この操作を多層（場合によっては数百層にも及ぶ）にわたって組み合わせたものが，「ディープラーニング」と呼ばれる技術の原型である（**【図表２】**）。

ディープラーニングを用いたAIのモデルでは，「重み」と「バイアス」の数値の大小によってAIの判断が異なってくる。重要な情報ではないのに「重み」の値が大きければ，次のノードに大きな値を伝達してしまい，判断を誤ってしまいかねないのであるそこで，「学習」によって「重み」と「バイアス」を最適な値にする必要があるため，AIのモデルを「学習」させ，「重み」と「バイアス」を調整する。AIの「学習」とは，より適した「重み」と「バイアス」を求めることなのである。

【図表２】

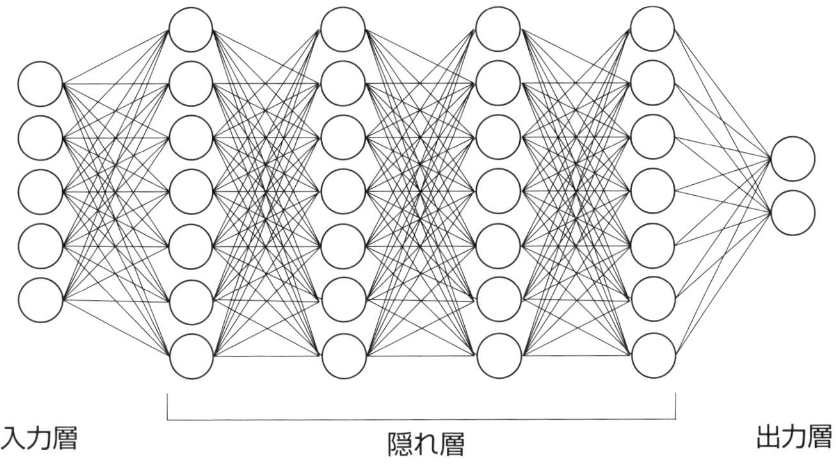

⑶　AIの開発とは何を行っているのか

このようなディープラーニングの技術を用いたAIのモデルを開発するには，まず，データを入力したら「重み」と「バイアス」を適用して判断結果を出力するプログラムが必要である。これを「推論プログラム」という。

また，「重み」と「バイアス」を最適化するためのプログラムが必要である。これを「学習用プログラム」という。

推論プログラムの判断精度には，学習用プログラムによって調整された「重み」と「バイアス」が非常に重要である。学習によってできあがった「重み」と「バイアス」等のデータを「学習済みパラメータ」という。

以上の関係を図示したのが，**【図表３　AIのモデルの全体像】**（213頁参照）である。

学習用プログラムを用いて，準備した大量のデータを読み込んで学習（＝「重み」と「バイアス」等のパラメータの最適化）を行い，最適化した「学習済みパラメータ」を「推論プログラム」に組み込んでAIの判断を出力する，という流れのイメージを持つことが重要である[3]。

以下，**【図表３　AIのモデルの全体像】**の内容を理解するため，図に記載されている用語を簡単に解説する（AI契約ガイドライン13頁参照）。

- **生データ：**
  ユーザーやベンダー，その他の事業者や研究機関等により一次的に取得されたデータであって，データベースに読み込むことができるよう変換・加工処理されたものをいう。画像から物体を検出するモデルの例でいうと，「車」「人間」「犬」などの正解をタグ付けする前のデータのことである。
- **学習用データセット：**
  生データに対して，欠測値や外れ値の除去等の前処理や，ラベル情報（正解データ）等の別個のデータの付加等，あるいはこれらを組み合わせて，変換・加工処理を施すことによって，対象とする学習の手法による解析を容易にするために生成された二次的な加工データをいう。例えば，先ほど説明した「教師あり学習」を使って，画像から物体を検出するモデルを考えると，学習用データセットとは，大量の写真と，写真ごとに「車」「人間」「犬」などと写っている物体（正解）をタグ付けしたデータのセットのことである。
- **学習用プログラム：**
  学習用データセットの中から一定の規則を見出し，その規則を表現するモデルを生成するためのアルゴリズムを実行するプログラムをいう。
- **学習済みパラメータ：**
  学習用データセットを用いた学習の結果，得られたパラメータ（係数）をいう。先ほどの「重み」「バイアス」などのことである。
- **推論プログラム：**
  組み込まれた学習済みパラメータを適用することで，入力に対して一定の結果を出力することを可能にするプログラムをいう。
- **学習済みモデル：**
  学習済みパラメータが組み込まれた推論プログラムをいう。
- **ハイパーパラメータ**
  学習の枠組みを規定するために用いられるパラメータであり，主として人為的

3　AIに関するもう少し詳しい解説を読みたい方は，AI契約ガイドライン９頁以降を参照されたい。

に決定されるものをいう（【図表３　AIのモデルの全体像】に記載があるため言及したが，契約にあたって理解する必要はあまりない）。

【図表３　AIのモデルの全体像】

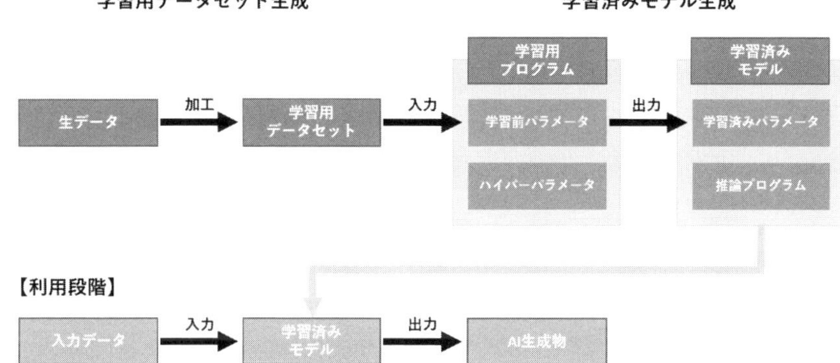

（出所）　AI契約ガイドライン12頁

(4)　AI開発の特徴

AI開発には，AIの技術を用いない従来のシステム開発（以下「従来型のソフトウェア開発」という）と比べると，以下のような特徴があるといわれている[4]。

①　学習済みモデルの内容・性能等が契約締結時に不明瞭な場合が多いこと

AIの開発では学習用データセットという限られたデータのみから未知の様々な状況における法則を推測するという性質上，AI 技術に習熟した技術者であっても，推測対象となる未知のあらゆる事象を予測して学習を行うのは極めて困難である。また，学習した結果生成されたAIの学習済みモデルの精度は，学習用データセットの品質に大きく依存する。

4　AI契約ガイドライン18頁以降参照。

そのため，契約時に，生成するAIの性能保証が難しく，かつ，予定した性能に達しない場合の事後的な原因検証も難しいという特徴がある。

② **学習済みモデルの内容・性能等が学習用データセットによって左右されること**

①の点とも重複するが，学習済みモデルの生成は，学習用データセットの統計的な性質を利用して行われるという性質上，以下のような限界があるといわれている。

- 学習に使ったデータの傾向と推論時のデータの傾向が異なる場合には十分に性能を発揮できない。
- 学習用データセットに通常性質が反映されないような「まれな事象」に対して，推論が及ばない可能性がある。

③ **ノウハウの重要性が特に高いこと**

大量のデータが必要になるという観点からは開発を委託する側（ユーザー）のノウハウの重要性が高いといえる一方，データの加工方法やモデルの開発に際してはベンダーの技術力・ノウハウが非常に重要になる。

④ **生成物にさらなる再利用の需要が存在すること**

学習用データセットや学習済みモデルは，それ自体が多大なコストや時間をかけて生成されたものであり，また，学習済みモデルにおいては学習済みパラメータを変更することで精度の向上や他の目的での利用も可能となる場合があることから，従来のプログラムと比較して，より多くの場面で研究開発あるいは商業目的での再利用が可能である。

①②の特殊性からは，契約上，ベンダーが開発するAIの性能の保証を行わないのが通常であるため，ユーザーとして，ベンダーにどういった義務を課していくかが重要になる。

③④の特殊性からは，生成したAIのモデルについて，ベンダーから，ベンダーにも一定の権利を帰属させることおよびベンダーが一定の利用をすることが求められる可能性が高い。そこで，権利関係をどのように定めるか，ベンダーにどこまでの利用を認めるか，という点がポイントになる。

3．AIの開発の進め方

本章第6のシステム開発の事例では，ウォーターフォール型のシステム開発を念頭において解説を行った。ウォーターフォール型とは，ソフトウェア開発の過程を「要件定義」，「システム設計」，「システム方式設計」，「ソフトウェア設計・プログラミング・ソフトテスト」，「システム統合」，「システムテスト」，「運用テスト」，「運用・評価」等の工程に分割し，前工程によって後工程における作業を詳細化していく開発手法である。ウォーターフォール型は，ソフトウェアの仕様等を開発の初期に確定し，これをもとに開発が進むことから，後に仕様等を変更することに困難を伴うことが多いというデメリットがある。

前述のとおり，AIの開発は，開発当初には学習済みモデルの内容・性能等が不明瞭な場合が多いため，後の仕様変更が困難なウォーターフォール型の開発方式はとり難い。そこで，AI契約ガイドラインにおいては，開発プロセスを別個独立した複数の段階に分けて探索的に開発を行う「探索的段階型」の開発方式を採用することが提唱されている。具体的には，次のとおり，①アセスメント段階，②PoC段階，③開発段階，④追加学習段階の4段階による開発方式である（**【図表4】**）。実際にも，AIの開発はこのような探索的段階型のよう

【図表4】

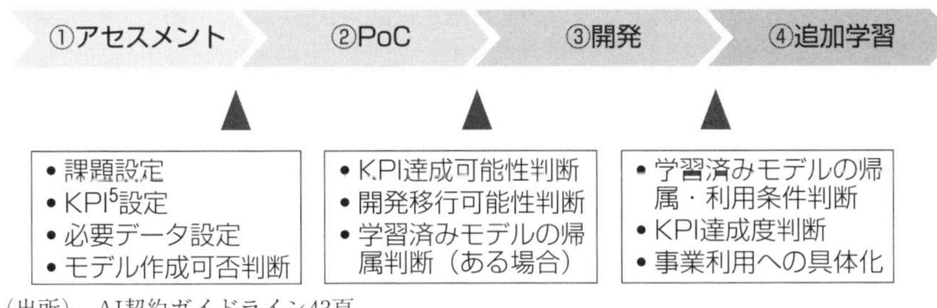

（出所） AI契約ガイドライン43頁

5 KPIは，Key Performance Indicator，重要業績評価指標の略語である。

な方式で進められることが多いように思われる。なお，「PoC」とはProof of Conceptの略であり，「概念実証」などと訳される。新たな概念やアイデアを，その実現可能性を示すために，部分的に実現することである。

4．AIの開発と契約

(1) 契約形態

「探索的段階型」の開発方式を前提とすると，アセスメント，PoC，開発，追加学習といった各段階で，それぞれどのような契約を締結すべきかが問題になる。

AI契約ガイドラインでは，**【図表5】**のように，フェーズごとに別個独立の契約を締結することを想定している。アセスメント段階の秘密保持契約，PoC段階の導入検証契約，開発段階のソフトウェア開発契約は，いずれもAI契約ガイドラインにひな形が掲載されている。**第7**では，特にAI開発に固有の条項を中心に簡単に解説するが，ひな形自体も必要に応じて参照されたい。

【図表5】

	アセスメント	PoC	開　発	追加学習
目的	一定量のデータを用いて学習済みモデルの生成可能性を検証する	学習用データセットを用いてユーザーが希望する精度の学習済みモデルが生成できるかを検証する	学習済みモデルを生成する	ベンダーが納品した学習済みモデルについて，追加の学習用データセットを使って学習をする
成果物	レポート等	レポート／学習済みモデル（パイロット版）等	学習済みモデル等	再利用モデル等
契約	秘密保持契約等	導入検証契約等	ソフトウェア開発契約	保守運用契約等

（出所） AI契約ガイドライン44頁を参照し，筆者が作成

なお，AI契約ガイドラインでは，アセスメントは秘密保持契約を締結して行う（無償で行う）ことが想定されているが，実際には，アセスメントフェーズにおいて，AIをどういった形で導入するか，といった検討が相当の工数をかけて行われることも多く，有償の契約が締結されている例も多いように思われる。

(2) 契約の法的性質

システム開発の契約においては，契約を請負契約と準委任契約のどちらにすべきか，ということが問題になることが少なくない。

AIの開発においても同様の問題が生じるが，AI契約ガイドラインでは，アセスメント段階・PoC段階・開発段階・追加学習段階のいずれにおいても，完成責任を負わせる請負契約ではなく，準委任契約が親和的であるとしている。その理由は以下のとおりである（AI契約ガイドライン47頁以降）。

- **アセスメント段階およびPoC段階：**
  アセスメント段階は学習済みモデルの生成可能性を検証するための段階であり，PoC 段階は学習済みモデルの生成をさらに進めることの可否および妥当性を検証するための段階であって，そもそも学習済みモデルの完成を目的とする段階ではない。
- **開発段階：**
  学習用データセットを用いて学習済みモデルを生成することを目的とする段階であるが，学習済みモデルの内容・性能等が契約締結時に不明瞭な場合が多いといった学習済みモデルの特性から，契約締結時までに仕様や検収基準を確定することは難しいことが多く，また，未知の入力（データ）に対しては，学習済みモデルがユーザー・ベンダーのいずれもが想定しない挙動をしないことの保証をすることも困難である。そのため，具体的な仕事の完成を目的とし，一定の契約不適合責任を伴う請負型の契約にはなじみにくい。
- **追加学習段階：**
  ベンダーが納品した学習済みモデルを基礎に，追加の学習用データセットを使って学習を行うことを目的とする段階であって，一定の学習済みモデルの完成を目的とする段階ではない。

とはいえ，ユーザーとしては，請負契約のほうが自社に有利であるとの認識の下，請負契約で進められないかと考えることも多いと思われる。この点については後述するが，成果物の性能を契約上合意することが難しい場合も多いことに留意が必要である。

(3) AI開発に関する契約の特徴

ここでは，AI契約ガイドラインにおいて公開されている開発契約のうち，特に特徴的な部分をいくつか紹介する。

ア 性能保証

AI契約ガイドラインでは，成果物等について特定の結果を保証しないことを定めている（ソフトウェア開発契約書７条２項（AI契約ガイドライン105頁））。開発契約が準委任である以上，ベンダーは成果物の完成義務を負わない。７条２項は，AI開発の特殊性として，学習済みモデルの内容・性能等が契約締結時に不明瞭な場合が多く，かつ学習済みモデルの内容・性能等が学習用データセットによって左右されることを踏まえ，性能の非保証を確認的に定めたものであるといえる。

第７条（ベンダの義務）
1　ベンダは，情報処理技術に関する業界の一般的な専門知識に基づき，善良な管理者の注意をもって，本件業務を行う義務を負う。
2　ベンダは，本件成果物について完成義務を負わず，本件成果物等がユーザの業務課題の解決，業績の改善・向上その他の成果や特定の結果等を保証しない。

イ　知的財産権の帰属および利用条件の定めの必要性

AIの開発では，（一般的にはユーザーが提供することが多い）生データを（一般的にはベンダーが中心となって）加工して学習用データセットを作成し，ベンダーが開発した学習用プログラムを用いて学習して学習済みパラメータが生成されるなど，開発の過程で様々なものが生成される。上述のとおり，AIの開発の特殊性として，ユーザー・ベンダー双方のノウハウが重要になることから，生成物についてもノウハウがつぎ込まれたものであることが多く，それぞれの権利（特に著作権）の帰属および利用条件が問題となる。AI契約ガイドラインでは，成果物等の著作権についてベンダーに帰属させる案，ユーザーに帰属させる案およびベンダー・ユーザーの共有とする案を併記しており，この部分は当事者間の交渉によるところが大きい。そもそも，上述した様々な生成物のすべてを画一的にどちらかに権利帰属させる必要はなく，また権利は帰属しなくとも一定の利用の許諾を受けることも可能であり，当事者の協議により柔軟に対応できる場合もある。

AI契約ガイドラインにおいても，**【図表６】**のように様々な条件を調整することが想定されている。

【図表６】

【ユーザ】

利用の範囲	利用の可否・条件
①自己の業務遂行に必要な範囲での利用（②に記載の利用を除く）	• 利用対象・態様・地域 • 独占・非独占 • 期間 • 地域 • ライセンスフィーの支払有無・内容 • その他条件
②再利用モデルの生成	• 再利用モデル生成の目的・態様（例：新たなデータを利用した追加学習） • 独占・非独占

	• 期間 • 地域 • ライセンスフィーの支払有無・内容 • その他条件（再利用モデルの他方当事者へのグラントバック等）
③第三者への開示，利用許諾，提供等	• 独占・非独占 • 期間 • 地域 • 再利用許諾権の有無 • 一定の第三者（ベンダの競合事業者等）への利用許諾の可否 • ライセンスフィーの支払有無・内容 • その他条件

【ベンダ】

利用の範囲	利用の可否・条件
①本開発目的以外の目的のための利用（再利用モデルの生成等）	• 利用目的 • 利用態様（例：新たなデータを利用した追加学習） • 独占・非独占 • 期間 • 地域 • ライセンスフィーの支払有無・内容 • その他条件（再利用モデルの他方当事者へのグラントバック等）
②第三者への開示，利用許諾，提供等	• 独占・非独占 • 期間 • 地域 • 再利用許諾権の有無 • 一定の第三者（ユーザの競合事業者等）への利用許諾の可否 • ライセンスフィーの支払有無・内容 • その他条件

（出所） AI契約ガイドライン31頁

ウ　蒸留および再利用モデルの生成等の行為の禁止

AIの開発には，上述のとおり，生成物にさらなる再利用の需要が存在するという特殊性がある。例えば，既存の学習済みモデルに，異なる学習用データセットを適用してさらなる学習を行った場合，新たに学習済みパラメータが生成される。この新たに生成された学習済みパラメータが組み込まれた推論プログラムを「再利用モデル」という（AI契約ガイドライン15頁）。追加学習を行った場合，新たに生成された学習済みパラメータは誰がどのような条件で利用できるのかが問題になり得るため，この点も契約で定めておくことが望ましい。

また，既存の学習済みモデルへの入力および出力結果を，新たな学習済みモデルの学習用データセットとして利用して，新たな学習済みパラメータを生成することも可能になる。既存の学習済みモデルの出力結果を「教師データ」として用いるのである。このような手法は，「蒸留」と呼ばれる（**【図表7　蒸留】**参照）。この場合，蒸留により新たに生成された学習済みモデルは，既存の学習済みモデルとは全く別物であり，自由に利用しても著作権侵害にならないこともあり得ると思われるが，既存の学習済みモデルの権利者からすると，かかる結論は不当であることも考えられる。

そこで，このような派生的な生成物を生成する行為自体，契約により禁止することがある。AI契約ガイドラインのソフトウェア開発契約書においても，再利用モデルや蒸留モデルの生成を禁止することが想定されている（19条２号，３号）。

【図表7　蒸留】

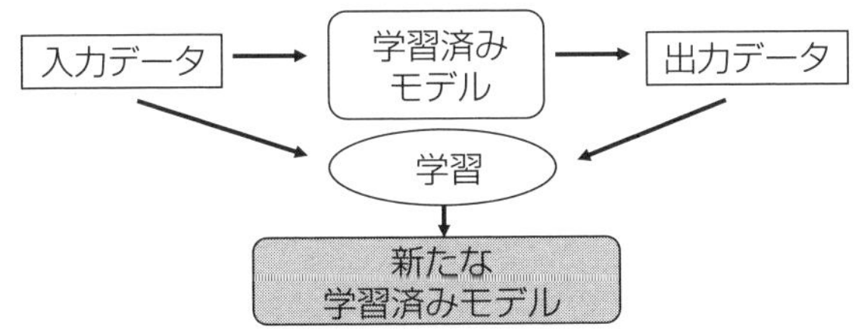

5．事例の検討

⑴　開発プロジェクトがPoCで終了することは「失敗」か

AIは未だ発展途上であることもあり，PoC段階で頓挫し，開発フェーズや運用フェーズに至らないケースは多い。例えば，PoCを実施したケースの83％がその後につながらなかったとの報告もある[6]。

PoCは新たな概念やアイデアについてその実現可能性を示すことを目的とすることからすると，このようにPoCが後に続かなかったということは，PoCの結果「実現可能性がない」ことがわかったという点では，ある意味PoCがうまく機能したと評価し得る場合もあるであろう。

しかしながら，PoCが次につながらない原因は，当然のことながらPoCがうまく機能した場合に限らない。

そこで，以下では，冒頭の事例に記載したケース①～ケース③を題材に，法的な問題点について検討を行う。

⑵　ケース①の検討

上述のとおり，AI契約ガイドラインでは，PoC段階の契約は準委任契約を想定している。ケース①でも同様に準委任契約を締結していたと想定した場合，PoCで期待した結果が出ない原因がベンダーの技術不足にあった場合，善管注意義務違反を理由に契約の解除や損害賠償請求ができそうである。

しかし，一般論としてはこれらの請求が可能であるとしても，実際にはこのような請求は難しいことが多い。なぜなら，具体的にどの技術水準を下回れば善管注意義務違反があったといえるのかは明確でないことが多く，かつ，ベン

6　石谷規彦・坂本竜太・定塚和久・長柄昌浩・吉岡信和「なぜ機械学習プロジェクトはPoCで終わるのか～アンケート調査」（https://drive.google.com/file/d/1CqNgWaXCl4nkrBsMnX6VAj-qARIStcWM/view　2019年）参照。回答の母数が36件と少ない点には留意が必要であるが，筆者の個人的な感覚としてもこの割合に違和感はない。

ダーがそれを下回ったことを立証することも難しいからである。AIのような先端的な技術分野において，「本プロジェクトでは●●という技術を採用して●●すれば十分な精度が出るはずであったところ，ベンダーは●●という技術のみを試すにとどまったため，十分な精度が出なかった」といった主張を組み立て，これを立証するのは至難の業であろう。

また，上述のとおり，AIの開発においては，学習済みモデルの内容・性能等が契約締結時に不明瞭な場合が多く，かつ学習済みモデルの内容・性能等が学習用データセットによって左右されるという特殊性があることもあり，AI契約ガイドラインのひな形では，以下のような条項が設けられている。

> 第7条
> 　ベンダは，善良なる管理者の注意をもって本検証を遂行する義務を負う。ベンダは，本検証について完成義務を負うものではなく，本検証に基づく何らかの成果の達成や特定の結果等を保証するものではない。

この条項を前提に，精度が出ない場合にベンダーの善管注意義務違反を追及することは難しい場合も多いように思われる（もちろん，ベンダーのスキル不足により開発が遅延した，といった場合などには，善管注意義務違反の追及が可能な場合もあり得るであろう）。

現実的な対処法としては，ベンダーに報告義務を課したり議事録を残したりするなどして開発過程の記録を残しておく，PoCフェーズを短く区切ってフェーズごとに次フェーズに進むか否かの判断を行うことでリスクを小さくする等の対応が考えられる。

(3)　ケース②の検討

ケース②は，開発時点でベンダーの技術不足が判明したケースである。ケースとしては「開発段階でうまくいかないため法務に相談が来た」という設定であるが，ここでは，「開発段階でどのような契約をすべきであったか」という観点から検討を行う。

ア　品質保証

AIの不確実性から，PoC段階と同様，開発段階においても品質の保証が難しいケースが多いのは事実ではあるが，開発段階においては，異なる考慮が可能な場合もある。

すなわち，上述のとおり，PoC段階で性能保証が困難な理由としては，①学習済みモデルの内容・性能等が契約締結時に不明瞭な場合が多いこと，②学習済みモデルの内容・性能等が学習用データセットによって左右されること，という２つを挙げることができる。しかるに，開発段階ではPoCにより一定の「検証」を行った上で開発段階に進んでいる以上，①学習済みモデルの内容・性能等が契約締結時に不明瞭な場合が多いという理由は必ずしも妥当しない。

AI契約ガイドラインにおいても，「既知の入力（データ）に対する学習済みモデルの性能については，評価用データを含む評価条件を適切に設定・限定することにより，契約上，性能保証を行うことに合理性が認められる場合もあると考えられる」とされている[7]。

㈠　精度の保証

では，どういった形で性能保証を行うことができるか。最初に思いつくのは，AIが特定の判断に正解したか否かという「精度」を保証させる方法である。例えば，ある部品の検品を行い，良品／不良品の識別を行うAIを開発するケースで考えると，「正解率●％以上であることを保証する」といった形である。

このような保証をさせることは，一見するといいアイデアに思えるが，いくつか注意すべき点がある[8]。

まず，「精度」の定義を明確に規定しておく必要がある。例えば，車のナンバープレートの画像を画像解析AIでテキストデータ化するケースを考えると，ナンバープレート全体で精度を測定するのか（つまり，１文字（数字）でも間

7　AI契約ガイドライン19頁注17。
8　精度保証については，前掲注１）245頁以下が詳しい。

違えた場合，間違いと扱うのか)，文字単位で精度を測定するのか，といった点を決めておく必要がある。また，上述の「部品検品AI」についても，例えば不良品の発生確率が0.001％であれば，すべての製品を「良品」と判断するモデルの正解率は99.999％となるが，そのようなモデルをユーザーが望んでいるわけではないことは明らかである。このように正解／不正解がわかりやすい比較的単純なAIのモデルであっても精度を明確に定義することは必ずしも容易ではない。さらに，「最適な広告をレコメンドする」といったAIのモデル開発を考えると，そもそも何が「最適」かの定義が難しく，精度保証はより困難となる。このように，一言に「精度保証」といっても簡単ではなく，ユーザーに一定の専門的知識が要求されることには留意が必要である。

次に，精度の検証を適切に行う必要がある。すなわち，教師あり学習のAIのモデルの学習は，学習用の入力データと正解をセットにした「学習用データセット」を使って行う。一度学習してしまった学習用データセットを使って精度の検証を行うと，いわば「カンニング」を認めた形になり，本来的な精度以上の精度が出てしまう可能性が高いから，精度の検証用データは学習用データセットとは別に用意しなければならない。また，検証用データが学習用データとデータ傾向が異なっては適切に精度の検証ができない（例えば，「部品検品AI」において，学習した不良品とは全く違う箇所の不良を含んだ部品のデータで精度を検証してしまうと，精度が出ないのは当たり前である）。そのため，学習用データセットと同じデータ傾向のデータセットを，学習用データとは別に用意することが必要になるが，これは必ずしも簡単なことではない。また，このような検証用データと学習用データの仕分けや，精度検証をベンダーに委託してしまうと，上述の「カンニング」の可能性が否定できない（かつ，不正を行ったか否かの事後的な検証は非常に困難である）から，精度検証用のデータはベンダーには渡さず，精度検証はユーザー自身が実施することが望ましい。

このように，精度保証をするためには精度の定義やその検証方法の観点から一定の制約がある点に注意が必要である。

(イ) 性能・品質の保証

精度以外のAIの「性能」「品質」については，議論の途上である。例えば，国立研究開発法人産業技術総合研究所等の「機械学習品質マネジメントガイドライン」，AI プロダクト品質保証コンソーシアムの「AIプロダクト品質保証ガイドライン」等がAIの品質について議論している。これらの議論では，いずれも，開発の結果である「精度」だけではなく，学習用データの品質や学習方法等のプロセスも重視している点に着目すべきである。

また，かかるAIと品質の議論を契約に落とし込むことを試みたものとして，一般社団法人日本ディープラーニング協会の「契約締結におけるAI品質ハンドブック」がある。しかしながら，現時点で議論されている「品質」は，必ずしも契約時の品質の保証にはなじまないものも多く，どういった形で性能や品質を保証するかは個別のケースごとに検討が必要である。

イ 契約の法的性質

準委任契約には，委任事務の処理の割合に応じて報酬を支払う「履行割合型」と，委任事務の履行により得られる成果に対して報酬を支払うことを約する「成果完成型」がある。

AI契約ガイドラインにおいては，基本的にPoC段階においては履行割合型が想定されているが，開発段階では「成果完成型を採用することに合理性が認められる場合が多い」とされている（AI契約ガイドライン102頁注82）。さらに進んで，ベンダーが完成義務や契約不適合責任を負うことになる請負契約を採用することも理論的には十分に可能であるとする見解もある[9]。

成果完成型準委任契約および請負契約のいずれも理論上は採用可能であろうが，ユーザーとしてこれらの契約類型を採用することによりメリットを得るためには，成果物を明確に定義する必要があり，結局は上述の精度や性能・品質保証の問題にいきつく。単に，「学習済みモデルを成果物として請負契約にしておけばユーザーに有利である」といった話ではないことには注意が必要であ

9 西本強『ユーザを成功に導くAI開発契約』（商事法務，2020年）94頁。

る。

ウ　それ以外の方法

上述の一般社団法人日本ディープラーニング協会の「契約締結におけるAI品質ハンドブック」においては，開発契約時点において品質を合意することが困難な場合もあることを踏まえ，そもそもユーザーとベンダーの関係を単純な「委託者」「受託者」という形にするのではなく，開発により得られるメリットを合理的に分配すべくプロフィットシェアやジョイントベンチャーといったスキームを採用する可能性を提示している。また，経済産業省・特許庁が公開している「研究開発型スタートアップと事業会社のオープンイノベーション促進のためのモデル契約書ver2.0」の「モデル契約書（AI編）」においても，単純な「委託者」「受託者」という形ではなく，共同研究開発契約が想定されている。

このように，モデルの性能向上について，ユーザー・ベンダーの双方がインセンティブを持つ形の契約を模索するというのも，１つの検討の方向性であるといえよう。

なお，このようなスキームはPoCが終了した段階で急遽検討するような性質のものではなく，法務としては，アセスメントやPoCといった開発プロジェクトの初期の段階で，事業部に対し，モデルの性能保証についての上述の問題意識を共有した上で，選択肢としてプロフィットシェアやジョイントベンチャーといったスキームについても紹介しておく必要があろう。

⑷　ケース③の検討

ケース③は，PoCが終了した後に，開発段階で開発するモデルの権利について合意に至らず開発プロジェクトがストップしてしまったというケースである。かかる問題は，PoC終了後の時点ではいかんともしがたいことが多く，結論としては，「権利関係については早期に合意をしておくべき」ということになろう。

すなわち，AI契約ガイドラインでは，AI開発が「探索的段階型」であることを前提に，アセスメント・PoC・開発・追加学習のそれぞれのフェーズで独立した契約を締結することを提案しているが，そうではなく，場合によっては，早期にモデルの権利関係について「基本合意」といった形で合意をしておくことを検討すべきである。AI契約ガイドラインにおいても，基本契約と個別契約の組み合わせによる契約形態を排するものではなく，交渉コストおよび開発の頓挫のリスクを負っても，なおも，契約の初期から，成果物等の取扱いについて合意することにより当事者の責任の所在を明確とすることが当事者の意図と合致する場合も考えられることが記載されている（AI契約ガイドライン43頁注39）。

他方で，どのようなAIのモデルを開発するかがある程度定まっていないと，権利関係について判断することは難しく，ユーザー・ベンダーが保守的な態度をとらざるを得ず，かえって合意に至らないことも考えられる。例えば，AIの開発プロジェクトは「とりあえずAIで●●事業のどこかを効率化できないか」といった粗い粒度の検討からスタートすることも多く，この時点で開発するモデルの権利関係について議論することは相当ではない。こういったケースでは，アセスメントやPoCの一部については個別の契約で対応し，ある程度開発プロジェクトの方向性が固まってきたタイミングで基本合意について検討を開始すべきであろう。

索　引

英字

あ行

か行

さ行

た行

な行

は行

ま行

や行

ら行

【著者紹介】

松田　世理奈（まつだ・せりな）

弁護士。阿部・井窪・片山法律事務所パートナー。

2015～2017年経済産業省電力・ガス取引監視等委員会事務局取引監視課で勤務，2017～2019年公正取引委員会事務総局審査局訟務官付として勤務，2021年～経済産業省電力・ガス取引監視等委員会専門委員，工業所有権審議会臨時委員（弁理士審査分科会臨時委員）を務める。独占禁止法，知的財産法，M＆A，エネルギービジネス等を中心に，契約にかかわる相談や紛争対応を扱う。

主要著作に，『契約書作成の実務と書式』（分担執筆・有斐閣），『法務リスク・コンプライアンスリスク管理実務マニュアル』（分担執筆・民事法研究会），『異業種間の標準必須特許ライセンスに関する独占禁止法上の考察』（共著・競争政策研究センター），『エネルギー産業の法・政策・実務』（分担執筆・弘文堂），『オンラインビジネスにおける個人情報＆データ活用の法律実務』（共同編著・ぎょうせい）等。

辛川　力太（からかわ・りきた）

弁護士（日本国および米国ニューヨーク州）。阿部・井窪・片山法律事務所パートナー。

2016年より大手建設機械メーカー法務部に出向，2018年より米国・欧州へ海外留学（2018年The University of Chicago Law School（LL.M.），Kirkland & Ellis LLP（San Francisco），Heuking Kühn Lüer Wojtek PartGmbB（Düsseldorf），Steptoe & Johnson LLP（Brussels））。紛争（知的財産や商事紛争），事業再生，競争法，会社法等広く企業法務を取り扱っており，国内，海外のクライアントからの相談に対応している。

主要著作として，『契約書作成の実務と書式』（分担執筆・有斐閣），『法務リスク・コンプライアンスリスク管理実務マニュアル』（分担執筆・民事法研究会），『オンラインビジネスにおける個人情報＆データ活用の法律実務』（共同編著・ぎょうせい），『国際取引トラブルの出口戦略と予防法務』（分担執筆・ぎょうせい），「米国倒産事件の現在　第１回～」（分担執筆・金融法務事情№2153～（連載中））等がある。

柴山　吉報（しばやま・きっぽう）

弁護士・機械学習エンジニア。阿部・井窪・片山法律事務所所属。

AIの開発やデータの授受に関する契約を中心に，契約書の作成や契約に起因する紛争等を扱う。

主要著作に『経験者が語る　Q&A電子契約導入・運用実務のすべて』（共著・中央経済社），『Q&A　AIの法務と倫理』（共著・中央経済社），『第４次産業革命と法律実務―クラウド・IoT・ビッグデータ・AIに関する論点と保護対策―』（共著・民事法研究会），「カメラ画像等の利活用時における企業の対応事項」ビジネス法務2021年９月号，NewsPicksの連載「AI/DXと社会」等。

高岸　亘（たかぎし・わたる）

弁護士。阿部・井窪・片山法律事務所所属。

複数の大手企業法務部への出向経験を有する。

主要著書に『経験者が語る　Q&A電子契約導入・運用実務のすべて』（共著・中央経済社），『早わかり！ ポスト働き方改革の人事労務管理 現場の悩み・疑問を解決するQ&A125問』（共著・日本加除出版）等

契約解消の法律実務

2022年 8 月10日　第 1 版第 1 刷発行

著　者　松田世理奈
　　　　辛川力太
　　　　柴山吉報
　　　　高岸亘
発行者　山本継
発行所　㈱中央経済社
発売元　㈱中央経済グループパブリッシング

〒101-0051　東京都千代田区神田神保町1-31-2
電話 03（3293）3371（編集代表）
03（3293）3381（営業代表）
https://www.chuokeizai.co.jp
製版／三英グラフィック・アーツ㈱
印刷／三英印刷㈱
製本／㈲井上製本所

ISBN978-4-502-43401-3　C3032